プレゼン資料の
Making perfect presentation materials
図解化大全

Maeda Kamari　　Horiguchi Tomoe
前田鎌利　堀口友恵

ダイヤモンド社

Prologue はじめに

プレゼン資料は「見せる」ものである

▶ なぜ、「プレゼンがうまくいかない」のか？

「プレゼンの反応が薄い」
「プレゼンをしても、なかなかGOサインを取れない」
「プレゼンが長いせいか、みんな若干イライラしているように感じる」

　私は、累計40万部を突破した『社内プレゼンの資料作成術』シリーズを刊行して以来、2000社を超える企業でプレゼン研修などを担当させていただいてきましたが、その中で、数えきれないほどのビジネスパーソンから、このような悩みを打ち明けられてきました。

　みなさんのプレゼン資料を拝見すると、プレゼンの内容そのものに問題のあるケースはほぼなく、ほとんどの方々は、その仕事におけるプロフェッショナルとしてしっかりとしたコンテンツを用意されていました。

　問題は、そのコンテンツをいかに表現するかです。
　私が見るところ、かなり多くの方が、「正確に伝えなければ」と考えるあまり、文字量の多いスライドをたくさん並べたプレゼン資料を作成しており、それゆえに、「なんだかよくわからない」「ピンとこない」といったネガティブな反応にさらされているように思います。

▶ スライドは「読ませるもの」ではなく、「見せるもの」である

　だから、私は、プレゼン資料は「シンプル＆ロジカル」に徹するべきだと考え、長年にわたる実践を通して、そのノウハウを磨き上げてきました。

　社内プレゼンであれば、5〜9枚の本編スライド（アペンディックスは別）でプレゼン資料をまとめ、3分程度で提案の骨子を伝えられるようにします。また、ほとんどの場合、「課題▶原因▶解決策▶効果（Lesson 2参照）という順番でスライドを並べると、説得力のあるロジカルなプレゼンにすることができます。

　もちろん、1枚1枚のスライドもなるべくシンプルなものにして、長くても10秒以内には「そのスライドで何が言いたいのか？」が伝わるように工夫する必要があります。
　そのためには、なるべく文章表現は避ける必要があります。文章を読み解くにはどうしても時間がかかりますし、聞き手の脳にも負担をかけてしまいます。あるいは、文章を読むことに集中してしまって、こちらのトークを聞いてくれなくなることもあります。

　だから、プレゼン資料においては、文章で表現するのではなく、なるべく視覚的な表現をすることを考えた方がいいのです。つまり、「スライドは読ませるものではなく、見せるもの」だという認識をもつべきなのです。

▶ 「図解化」という最強のプレゼン・スキル

　そして、ここで重要になるのが「図解化」のスキルです。
「図解」とは、辞書にあるとおり、「図を用いて解き示すこと」「図で説明すること」「図を使って説明を補うこと」といった意味です。

　私なりに言い方を換えると、「図解とは、あるものとあるものとの間に存

在する関係性を図で表現すること」ということになります。

　関係性には、因果関係、相互関係、対立関係、論理の流れ、順番、変化、比較・対比、マッピングなどさまざまなものがありますが、ちょっと込み入った関係性を文章で伝えようとすると、非常にまどろっこしい表現になります。そんなときには、その関係性を図解で示せばほんの数秒で把握することができます。

　わかりやすい例で言えば、道順がそうです。

　自宅から最寄りの駅までの道順を言葉で伝えようとすれば、「家を出たら左に曲がって、120m進んでコンビニのある角を右折して……」などと面倒くさい説明になりますが、地図をペタッと貼り付けて、自宅と駅にマーキングを付け、道順を辿るように線を書き込んだら、一瞬で理解することができます。

　これと同じ原理で、ビジネス・プレゼンにおいてしばしば出てくる、ちょっと込み入った内容をわかりやすく伝えるためには、「図解化」によって視覚的に表現するスキルが非常に重要になるわけです。

▶「図解化」のプロセスをすべて解説

　そこで、本書では、主に社内プレゼンを念頭に置きながら、プレゼン資料を「図解化」するスキルを丁寧に解説していきます。

　私は、プレゼン資料の「図解化」には、3つのステップがあると考えています。第1に、プレゼンで伝える内容を「分解・整理」したうえで、第2に、どの部分をどのように「図解化」すれば、伝えたいことの「本質」が伝わるかをイメージする。そして、第3に、わかりやすい「図解スライド」を1枚ずつデザインしていくという、3つのステップです。

　この3つのステップのすべてを詳しく説明することから、本書を『プレゼン資料の図解化大全』と名付けました。

本書を通読した上で、実践経験を積み重ねていただければ、必ず、みなさんのプレゼン資料を格段にわかりやすく、説得力のあるものにブラッシュアップできると確信しております。
　そして、みなさんが社内プレゼンなどで、次々に「GOサイン」を獲得し、充実したビジネスライフを楽しんでくださることを心より願っております。

＊　＊　＊

　最後に、共著者である堀口友恵のご紹介をさせてください。
　彼女は、私がかつて所属していたソフトバンクの後輩に当たりますが、在籍中には面識がありませんでした。
　彼女と出会ったのは、私がプレゼン講師として独立後、同社のある事業部からプレゼン資料の改善について相談を受けたときのことです。その部署の営業推進担当だった彼女は、私に「営業用のプレゼン資料を一緒に改善してほしい」と直訴。その熱意を受けて、プレゼン資料をブラッシュアップしたのですが、その結果、彼女の営業活動は劇的に改善し、社内でも高く評価される存在へと成長していきました。

　それをきっかけに「プレゼンの面白さ」に目覚めた彼女は、私が起業した株式会社　固（かたまり）のプレゼン講師認定講座を修了。その後、我が社に参画してくれて、数多くの企業のスライド・デザインや、そのブラッシュアップを担当するなど、資料作成のプロフェッショナルとして事業拡大に大きな貢献をしてくれています。
　これまで、私は単著でプレゼンに関する書籍を出版してきましたが、彼女のスライド・デザイナーとしての実績を踏まえて、本書で初めて、彼女との共著として書籍をまとめることにしました。
　私が培ってきたノウハウに、彼女が磨いてきたノウハウを加えることで、さらに充実した内容になったと自負しています。どうぞ、ご期待ください。

2025年2月　　　　　　　　　　　　　　　　　　　　　　　　前田鎌利

プレゼン資料の図解化大全
Contents

はじめに　プレゼン資料は「見せる」ものである..................002

第1章　プレゼン資料 図解化の「思考法」

Lesson 1　"込み入ったこと"を シンプルに伝える技術..................016
- ▶「面倒くさいプレゼン」はNG
- ▶ プレゼン資料は「見せる」ものである
- ▶ 図解で「差別化ポイント」が一瞬でわかる
- ▶ いきなり「図解化」に取り掛かってはいけない
- ▶「資料づくり」に時間をかけてはいけない

Lesson 2　「シンプル&ロジカル」な プレゼン資料のつくり方..................022
- ▶「3分プレゼン」で説明は終わらせる
- ▶ プレゼン資料は「5〜9枚」に絞り込む
- ▶ ビジネス・プレゼンに必要なたった一つの「ロジック展開」
- ▶「シンプル&ロジカル」を生み出す2原則

Lesson 3　プレゼンする内容を「分解・整理」する..................028
- ▶「ブレスト・シート」に書き出してみる
- ▶「課題」「原因」「解決策」「効果」に分解する
- ▶ プレゼン資料に盛り込む「情報」を精査する

Lesson 4 「本質」を見極めたうえで、スライドをデザインする ……035

- ▶ スライドのプロットを並べてみる
- ▶ プロットを眺めながら「ブラッシュアップ」をする
- ▶ スライドの「デザイン・イメージ」を見極める
- ▶「図解スライド」を1枚ずつつくり込む

第2章 「図解の基本」を マスターする

Lesson 5 ビジネス・プレゼンに 必要な「8つの図解」……044

- ▶「図解化」のイメージをどうつくるか？
- ▶「パターンに当てはめる」のが正解

Lesson 6 「ボックス化」で関係性を表現する ……049

- ▶ 対比するときは「箇条書き」より「ボックス化」
- ▶「記号＋キーワード」で無限のバリエーション
- ▶「組み合わせ」で複雑な話もスッキリ説明できる

Lesson 7 「フローチャート」で"流れ"を表現する ……055

- ▶「時系列」や「手順」はフローチャートで示す
- ▶「左から右」に流すほうが"表現力"がアップする
- ▶ 文字情報が多い場合は「上から下」に流す

Lesson 8 「サイクル型」で循環するプロセスを表現する …061
- ▶「サイクル型」は"時計回り"に並べる
- ▶要素を細分化しすぎるとわかりにくくなる

Lesson 9 「サテライト型」は3つに絞る …065
- ▶「サテライト型」と「ベン図」
- ▶伝える内容はなるべく「3つ」に絞る
- ▶「3つのポイント」を連打して記憶に刻む

Lesson 10 「ツリー型」で"網羅性"を伝える …071
- ▶全体の中での「位置付け」を明示する
- ▶ロジックツリーで「問題の原因」を分解・特定する

Lesson 11 「マトリックス型」でポジショニングを表現する …076
- ▶ビジネス・プレゼンで頻出する「マトリックス型」
- ▶「ポジショニング」と「比較優位性」で表現方法は異なる
- ▶「縦軸／横軸」の設定が重要である

Lesson 12 「グラフ」のわかりやすさがプレゼンを決定づける …080
- ▶絶対マスターすべき「3つのグラフ」
- ▶直観的にわかる「グラフ」に加工する

Lesson 13 「表」で意思決定を促す …085
- ▶「一覧性」と「比較」という2つの目的
- ▶見せたい部分を「強調」する
- ▶「選択肢」を提示したほうが"採択率"は上がる
- ▶「比較」するときは、「横」に並べる

| Column 1 | スケジュールは「ガントチャート」で表現する ...090 |

第3章

図解ノウハウ①
「なるほど」を生み出す技術

Lesson 14　実は「キーメッセージ」が最も重要 ...094

- ▶図解とメッセージは「左右」に置くのがベスト
- ▶「キーメッセージ」のない図解スライドはわかりにくい
- ▶「キーメッセージ」によって図解のつくり方が変わる
- ▶「13文字」以内で"強い言葉"をつくる
- ▶キーメッセージで「すべてを説明」しない
- ▶フォントは「これ」に決める

Lesson 15　図解は「左」、キーメッセージは「右」 ...100

- ▶理解しやすいスライドの「秘密」
- ▶「上下」に置く場合は、キーメッセージが上
- ▶「画像」も左に置くのが基本

Lesson 16　「13文字」「40文字」「105文字」の原則 ...106

- ▶「13文字＋40文字」という組み合わせもOK
- ▶1枚のスライドで「105文字」を上限とする
- ▶論理・因果は「▼」で表現する
- ▶文字量が多いときは「ボックス化」で整理する

Lesson 17　わかりやすいスライドの「色」の法則 112

- ▶ 1枚のスライドで「3色まで」が基本
- ▶ 色数を増やすときには「同系色」を使う
- ▶「青」と「赤」を使い分ける
- ▶「コーポレート・カラー」を使う
- ▶「カラーパレット」を設定する

Lesson 18　スライドのわかりやすさは「余白」で決まる 119

- ▶「余白」がないと極端に見づらくなる
- ▶「白抜き文字」はキーワードのみ
- ▶ フォントサイズは「図形エリアの40〜70％」に収める

Lesson 19　図解スライドは「揃える」を意識する 125

- ▶「位置」「長さ」「フォント」などを揃える
- ▶ 複数の「図形」をなるべく併用しない
- ▶「吹き出し」「爆弾」は使用しない
- ▶「角丸のボックス」を使うときの注意点

Column 2　罫線は「0.75〜2p」の太さを基本とする 132

第4章 図解ノウハウ❷ パワースライドをつくる

Lesson 20 「10秒」でわかるグラフ・スライドのつくり方 136
- ▶「1スライド＝1グラフ」の法則
- ▶「グラフの増減」を強調する方法

Lesson 21 「数字」を強調してパワースライドにする 141
- ▶「見せたい部分」を大きく目立たせる
- ▶円グラフは「ワンカラー効果」で印象づける
- ▶「見せたい数字」は円グラフの外に出す
- ▶「見せたい折れ線」を極太にする

Column 3 「横棒グラフ」は限定的に使用する 146

Column 4 「積み上げ棒グラフ」の見せ方 148

Lesson 22 「ピクトグラム」は組み合わせて使う 150
- ▶ビジネス・プレゼンで「イラスト」はNG
- ▶「文字＋ピクトグラム」でわかりやすくなる
- ▶ピクトグラムを「組み合わせる」技術

Lesson 23 「アニメーション」で図解をスマートに見せる 156

- ▶「シンプルな機能」だけを使用する
- ▶相手の「目線」を誘導する
- ▶「変形」「マジックムーブ」を効果的に使う

Lesson 24 1枚ずつ「伝えるべき本質」を見極める 161

- ▶「1スライド＝1メッセージ」に徹する
- ▶混在している要素を「分解」して、ひとつずつ伝える

第5章 Before＆Afterで学ぶ わかりやすい図解のつくり方

Lesson 25 (Before/After ❶) 無意識的なイメージに沿った「図形」にする 166

- ▶「循環＝円」という無意識的なイメージ
- ▶社外プレゼンでは「自社ロゴ」を打ち出す
- ▶「スライドを分割」して、さらにわかりやすくする

Lesson 26 (Before/After ❷) 最も重要な「構図」をシンプルに見せる 171

- ▶なぜ、「ピン！」とこないスライドになるのか？
- ▶「関係性」は矢印で表現したほうがよい
- ▶ボックス内を「40文字」に近づける
- ▶最も重要な「構図」を最初に見せておく

Lesson 27 Before/After ❸
「SmartArt」を使わず、自由にスライドをつくる 177
▶ スライド・デザインの「自由」が失われる
▶ 情報が「ビジー」になりすぎないように工夫する
▶ 「グラフ・表」だけを大きく見せる

Lesson 28 Before/After ❹
「アイコン」や「矢印」もなるべく揃える 182
▶ 込み入ったサービスは「図解」で説明する
▶ アイコンのテイストも「揃える」
▶ 矢印にあまり「意味」をもたせない

Lesson 29 Before/After ❺
「ツリー型」で情報を整理する 187
▶ 「箇条書き」をズラズラ並べない
▶ フォントが小さくなる「要因」をつぶす
▶ ロジックツリーで「要素分解」する
▶ 具体的な「ネクストステップ」を明示する

Lesson 30 Before/After ❻
「シンプルな図解」でも、わかりにくければ意味がない 192
▶ 相手の「知識レベル」に合わせる
▶ やや複雑でも、「伝わる」ことに意味がある
▶ 抽象的な概念を「図解」で説明する
▶ スライドを増やしてもかまわない

あとがき 198

ブックデザイン　奥定泰之
DTP　NOAH
校正　小倉優子
編集　田中　泰

第1章
プレゼン資料 図解化の「思考法」

Lesson 1　"込み入ったこと"を シンプルに伝える技術

▶ 「面倒くさいプレゼン」はNG

　「どのようなプレゼンをするか？」について考えるうえで、絶対に忘れてはならないのは「相手の立場になって考える」ということです。
　社内プレゼンであれば、上司などの決裁者から「GOサイン」を勝ち取ることが目的であるように、プレゼンとは、「相手に意思決定してもらう」「相手に動いてもらう」ために行うものです。そのためには、こちらが「伝えたいこと」を表現するのではなく、「どう伝えたら相手に理解・納得してもらえるか？」という"相手の目線"で考え抜くことが求められるのです。

　そして、その際に真っ先に考えなければならないのは、「相手の時間を奪わない」「プレゼン内容を理解するのに、相手にできるだけ負担をかけない」ということです。
　誰だって「面倒くさいこと」「無駄な労力」を強いられるのは嫌です。ですから、文字量が多いスライドをずらずら並べるといった、やたらと情報量の多いプレゼン資料を作ったら、その時点で失敗がほぼ確定すると言っても過言ではありません。
　そのような失敗を避けるためには、とにかく「シンプルでわかりやすいプレゼン資料」を作ることに徹することが大事。そして、そのようなスライドをつくる上で、頼もしい武器となるのが「図解化」のスキルなのです。

▶ プレゼン資料は「見せる」ものである

　「はじめに」で、「自宅から最寄りの駅までの道順を説明する」という例を挙げましたが、あのように「言葉」だけで伝えようとすると、ものすごく煩

雑な説明になるけれども、地図を使って「図解化」すると一瞬でわかるといったケースは多々あります。まさに、プレゼン資料は「読ませるもの」ではなく、「見せる」ものなのです。

特に、ビジネス・プレゼンにおいては、"ちょっと込み入った内容"を説明する必要に迫られることが多いので、「図解化」によって、シンプルにわかりやすく伝えるスキルを磨いておくことは非常に大切なことです。

例えば、【図1-1】をご覧ください。

これは、新商品の製造委託先の選定に関するプレゼンを文章で書き綴ったものです。ちょっと込み入っていて、何が言いたいかを読み解くのに少々手間取るのではないでしょうか。

ところが、これを【図1-2】のように「図解化」するとどうでしょうか？

キーメッセージで「B社が最適」と結論を明記したうえで、A社とB社の特徴を一覧できるように図解化。この図解を指し示しながら、口頭で【図

図1-1 新商品の製造委託先の選定

　現在、開発中の新商品の製造委託先を検討していますが、最終候補をA社とB社の2社にまで絞り込みました。それぞれの特徴は次のとおりです。

　5000個を製造委託した場合の製造単価は、A社が2400円、B社が3000円で、1万個を製造委託した場合には、A社が2200円、B社が2500円との見積もりとなっています。一方、B社は昨年、最新鋭の製造ラインに刷新したため、精度が高い上に、納期をA社よりも2日も短縮できます。

　以上を踏まえて、私どもはB社を委託先として選定すべきだと考えています。小売り店の要請に応じて短納期で納品できる体制を作ることは、販売戦略上きわめて重要ですし、製造ロットが増えてくれば単価もA社と遜色がなくなってくるからです。

図1-2 新商品の製造委託先の選定

新商品 製造委託先検討			
高性能・短納期のB社優位			
比較項目		A社	B社
単価	5,000個	2,400円	3,000円
	10,000個	2,200円	**2,500円**
納期	5,000個	5営業日	3営業日
	10,000個	7営業日	5営業日
精度		中	高 ※最新機導入

【1-1】の概要を説明すれば、相手（決裁者）は「無駄な労力」をかけずに、内容を把握することができるはずです。

▶ 図解で「差別化ポイント」が一瞬でわかる

もうひとつ、具体例を見ておきましょう。

【図1-3】は、先ほどの新商品の、他社商品との差別化ポイントについて説明するプレゼンです。

これも、文章で表現すると、読み解くのがまどろっこしく感じますよね。では、これをどのように「図解化」すると、わかりやすくなるでしょうか？　みなさんも、ぜひ頭の中でイメージしてみてください。

私たちならば、【図1-4】のように、マトリックス上に商品群をマッピングしたスライドを用意します。

縦軸に値段、横軸に品質（耐久性）を置いて、「高価格・高品質」な商品

群（A社）と「低価格・低品質」な商品群（B社）をマッピング。両者の間に存在する「空白」の中の、「中価格・高品質」のゾーンに、自社の新商品を配置することで、視覚的に「新商品のポジショニング」を表現するのです。

そして、この図解スライドを見せながら、【図1-3】の概要を口頭で伝えれば、プレゼンを聞いている人々は瞬時に、新商品の訴求ポイントを理解してくれるに違いありません。

▶ いきなり「図解化」に取り掛かってはいけない

このように、ビジネス・プレゼンで頻出する"ちょっと込み入った話"は、「図解化」することでわかりやすく伝えることが可能になるケースがたくさんあります。

ただし、プレゼン資料をつくるときに、手当たり次第に「図解化」しようとしてはなりません。いきなり1枚1枚のスライドをつくり込もうとするのではなく、まず初めに、プレゼンする内容全体を「分解・整理」したうえで、

図1-3 新商品の差別化ポイント

> 現在、開発中の新商品の特徴は次のとおりです。
>
> 同じカテゴリーの商品は、他社から多数発売されておりますが、二極化が進んでいます。一つの極は、A社の商品が代表格ですが、2万円を超える高価格帯で、高品質（耐久性）を売りにしています。もう一つの極には、B社の商品のように、1万円を切る低価格帯だが、耐久性に弱いという評価が定着している商品群があります。
>
> そこで、我が社の新商品は、1万5000円という中価格帯でありながら、A社の商品に遜色のない耐久性を実現しました。この点を強く訴求していただければ、これまでA社をはじめとする高価格帯商品を買っていた層と、耐久性に難のあるB社などの商品に不満を持っていた層の両方を取り込めると考えています。

図1-4 新商品の差別化ポイント

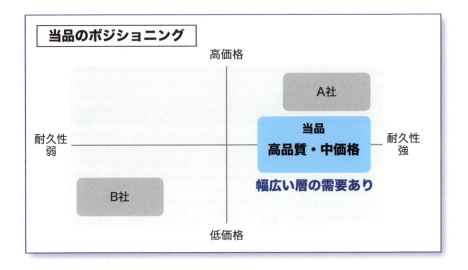

どのようなロジック展開・ストーリー展開でプレゼン資料を構成するのかを考えることが不可欠です。

そして資料の全体構成を組み立てながら、「この部分で伝えるべき本質は何か」「この部分とこの部分は図解化した方がいい」「この部分は、こういう図解にした方がいい」といったことを見極めていく。こうしたプロセスを経て、プレゼンの全体像が明確になってから、1枚1枚のスライドをつくり込んでいくのです（図1-5参照）。

▶「資料づくり」に時間をかけてはいけない

なぜ、このような回り道をするのか？

理由は簡単で、「図解スライド」をつくるのは、それなりの手間暇がかかるからです。

全体構成が固まらないまま、闇雲に「図解スライド」をつくり込んでも、結局、最終的にはそのスライドを使わなかったり、別の図解につくり変える

図1-5 プレゼン資料の「図解化」3つのステップ

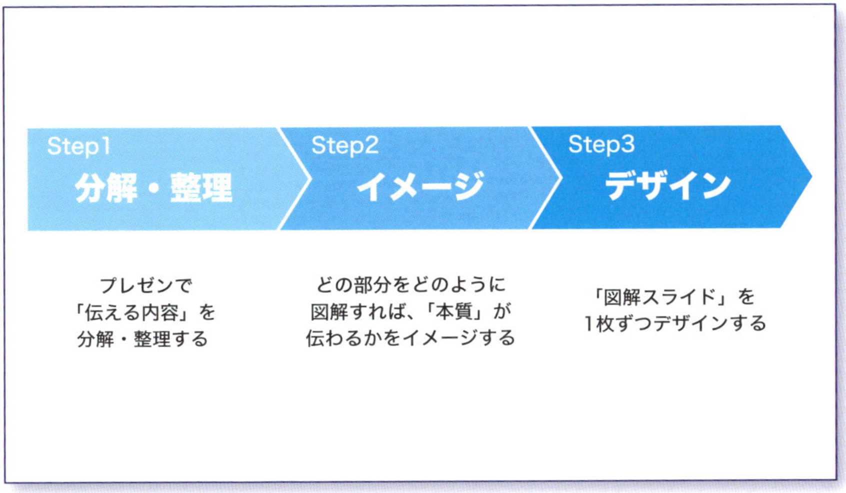

Step1 分解・整理	Step2 イメージ	Step3 デザイン
プレゼンで「伝える内容」を分解・整理する	どの部分をどのように図解すれば、「本質」が伝わるかをイメージする	「図解スライド」を1枚ずつデザインする

必要が生じたりして、膨大な無駄を生み出してしまうことになりがちです。

　ビジネスにおいて大切なのは「考えること」であり「行動すること」です。プレゼン資料をつくることに余計な時間をかけることは極力避ける必要があります。

　そこで、Lesson 2 からは、【図1-5】で示したプロセス全体を実演しながら、プレゼン資料を「図解化」していく手順を詳しく解説していきます。その上で、第2章以降で、1枚1枚のスライドを「図解化」する具体的なノウハウをお伝えしてまいります。

Lesson 2 「シンプル&ロジカル」なプレゼン資料のつくり方

▶「3分プレゼン」で説明は終わらせる

　このLesson 2から、プレゼン資料を「図解化」するすべてのプロセスを実演していきますが、その前提として、「シンプル&ロジカル」なプレゼン資料を作成するための基本をお伝えしておきたいと思います。

　まず第1に押さえておくべきなのは「時間的制約」です。
　社内プレゼンは、【図2-1】のような時間配分で行うのがいいでしょう。こちらから一方的に説明する「提案プレゼン」は、基本的に「3分（長くても5分）」で終わらせるようにします。決裁者は多忙ですから、無駄な時間

図2-1 社内プレゼンの「時間制約」

をかけるのはNG。社内プレゼンは最速で駆け抜けるのが鉄則です。
　もちろん、重要案件はその限りではありませんが、通常の案件であれば、3〜5分あれば、提案の骨子を説得力をもって伝えることは可能です。むしろ、その時間内に収められないのは、提案のポイントが十分に整理できていない証拠だと考えるべきです。

　もちろん、この「3分プレゼン」だけで意思決定ができるわけではありません。
「3分プレゼン」で、提案内容の骨子を相手に「理解」してもらったうえで、「ディスカッション（質疑応答）」において、補足説明をするアペンディックス（別添資料）なども示しながら、相手の質問・疑問に的確に応えることで「納得」を生み出していく必要があります。
　そして、この「ディスカッション」を10分以内で終わらせて、最後の2分で意思決定をしてもらう。こうして最長15分で、決裁を取ることをイメージするといいでしょう。

▶ プレゼン資料は「5〜9枚」に絞り込む

　では、冒頭の提案プレゼンを「3分以内」で終わらせるためには、どうすればいいでしょうか？
　答えは簡単で、プレゼン資料のスライド数を絞り込むことです。言ってみれば、プレゼン資料はシナリオのようなものですから、スライド数を絞り込みシンプルなものにしておけば、自然と時間は短縮されるのです。

　だから、【図2-2】のように、プレゼン資料（本編）は「5〜9枚」でまとめるようにするといいでしょう（表紙やサマリー、ブリッジ・スライドなどは含みません）。この制約を意識しながら、伝える内容を絞り込めば、必ず3〜5分で提案プレゼンを終えることができるはずです。

図2-2 社内プレゼンの資料は「5〜9枚」でつくる

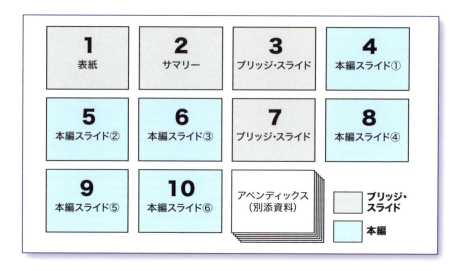

▶ ビジネス・プレゼンに必要になった一つの「ロジック展開」

　ただし、言うまでもなく、プレゼン資料は「シンプル」なだけでは意味がありません。それに加えて、「ロジカル」な資料にすることで、相手（決裁者）に「なるほど」と理解・納得してもらえるようにする必要があります。

　このように書くと、小難しい印象をもつかもしれませんが、決してややこしい話ではありません。なぜなら、ビジネス・プレゼンの多くは、【図2-3】に掲げる論理展開に沿って資料をまとめれば、わかりやすくて説得力のあるものになるからです。
「1　課題」「2　原因（背景）」「3　解決策」「4　効果（未来像）」の4つの要素が、この順番で並んでいること。そして、それぞれが「なぜ？」「だから、どうする？」「すると、どうなる？」と言う言葉でつながっていること。それだけで、ロジカルなプレゼンにすることができるのです。

図2-3 ビジネス・プレゼンの基本的なロジック展開

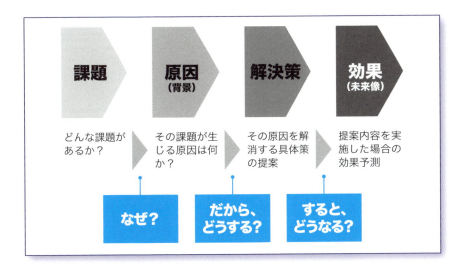

単純化すれば、次のようなイメージです。

1 **課題**：商品Aの売上が減少している
   ↓ なぜ？
2 **原因（背景）**：他社のライバル商品が値下げをしたため、シェアを奪われている。ただし、値下げに伴い、ライバル商品の品質が下がり、ユーザーの不満が増えている。
   ↓ だから、どうする？
3 **解決策**：商品Aの品質を向上させたうえで、若干の値上げをする
   ↓ すると、どうなる？
4 **効果（未来像）**：ライバル商品に不満を覚えたユーザーを取り込むことができる。世の中はインフレ基調にあるため、多少の値上げはユーザーに許容される。

「1　課題」から「4　効果（未来像）」まで、それぞれの内容を裏付ける

データ・情報を盛り込みながら、プレゼン資料をつくっていけば、必ず「説得力」のあるビジネス・プレゼンができるようになります。

▶「シンプル&ロジカル」を生み出す2原則

　ここまで述べてきたように、「シンプル＆ロジカル」なプレゼン資料（社内決裁用）をつくる基本は次の2点となります。

1）　プレゼン資料（本編）は「5〜9枚」でまとめる
2）　「課題▶原因（背景）▶解決策▶効果（未来像）」という論理展開で構成する

　この基本を踏まえつつ、早速、プレゼン資料を「図解化」していく手順を実演していきたいと思います。
　その素材として使用するのは、本書の担当編集者が2016年に編集した『まいにち小鍋』（小田真規子・著、ダイヤモンド社）という書籍企画書です。その主要部分を以下に抜粋しますので、これをお読みいただきながら、どのようなプレゼン資料にするか、どの部分をどのような「図解スライド」にするかをイメージしてみてください（内容は2015年時点のものです）。

レシピ本『まいにち小鍋』（仮）企画書

　近年、冬場の家庭料理として「小鍋料理」が人気だ。
　スーパーでは「一人前用の鍋スープのもと」が大量に積んであるほか、雑貨店などでも大鍋よりも小鍋の方が目立っている。A社の調査報告書によると、「大きい土鍋」を使用する家庭が減り、「ひとり鍋」を食べる人が増えていることがわかったという。また、Googleトレンドでの「一人鍋」のキーワード検索数は増加傾向にあるとのレポートもある。

　この背景には、一人世帯が一貫して増え続けているという長期トレンドがあ

ると思われる（国立社会保障・人口問題研究所）。また、B社の調査によると複数人世帯においても「家庭内個食化」の傾向が強まっているようだ。

　本書の企画者である私自身、冬場は、家族の食事が終わった後に帰宅し、毎日「小鍋」をつまみに晩酌をしているが、味つけのバリエーションが少なく、「小鍋のレシピ集があれば欲しい」と思う。
　ところが、こうしたニーズが増えているはずであるにもかかわらず、書店には「大鍋レシピ本」しかないのが実情だ。「ひとり鍋」という言葉を使ったレシピ本はあるが、「ひとり＝寂しい」せいか部数は伸びていない。

　また、大人気料理家である小田真規子先生によると、「大鍋」と「小鍋」は"別の料理"だという。大鍋は、多種の具材を多く入れることから、ごった煮的に様々な出汁が出るため、どれも似通った味わいになりがちだが、小鍋は具材の種類が少なく、量も限られるだけに、具材によって味の差が出て、バリエーションが豊富になる。つまり、「小鍋レシピ本」は新規性があるということだ。

　そこで、『まいにち小鍋』というレシピ本を提案する。小田先生を著者としてお迎えすることで、信頼度・完成度の高いレシピを掲載するほか、「ひとり鍋」という"寂しさ"を排したタイトルのもと、小型で可愛らしい装丁で手に取りやすい本にする（新書判並製、オール４色、税抜1100円）。

　鍋シーズンに間に合うよう９月末に刊行するため、５月にレシピ確定、６月に撮影、７～８月で編集を完了させる。また、春には書店から返品されるため、９月末に再び書店に並べるサイクルを確立するべく、10月～２月の店舗別販売状況を検証し、"売れる店舗"に絞って配本するPDCAを回したい。

Lesson 3 プレゼンする内容を「分解・整理」する

▶「ブレスト・シート」に書き出してみる

　Lesson 3の最後にお示しした「レシピ本『まいにち小鍋』(仮)企画書」を読みながら、「どのようなプレゼン資料にするか?」「どんな図解スライドにするか?」といったイメージがわいたでしょうか?

　ここで私たちがおすすめしているのは、頭の中だけで考えるのではなく、紙とペンを用意して、【図3-1】のようなフォーマットに、プレゼンする内容を書き出してみることです。

　私たちは、このフォーマットを「ブレスト・シート」と名付けています。

図3-1 プレゼン内容を明確にする「ブレスト・シート」

	メッセージ(結論)	データ(根拠)	図解・ビジュアル
課題			
原因(背景)			
解決策			
効果(未来像)			

というのは、伝えるべき内容をこのシートに「手書き」で書き込みながら、「このプレゼンで伝えるべき、最も重要な情報はなんだろう？」「重要度の低い情報はどれだろう？」「何が課題で、何が原因だろう？」「このデータでは根拠として弱いだろうか？」「この部分は図解にしないとわかりにくいかな？」などと一人でブレストするようなものだからです。

　慣れてくれば、頭の中で同じことができるようになりますが、最初のうちは、この「ブレスト・シート」を使って、伝えるべき内容を「分解・整理」していくことをおすすめします。

▶「課題」「原因」「解決策」「効果」に分解する

　「ブレスト・シート」はご覧の通り、「課題」「原因（背景）」「解決策」「効果（未来像）」の論理展開に沿って、それぞれ「メッセージ（結論）」「データ（根拠）」「図解・ビジュアル」を書き出す形になっています。

　Lesson 2でご説明したように、多くのビジネス・プレゼンは「課題▶原因（背景）▶解決策▶効果（未来像）」の論理展開をしっかりと組み立てることができれば、それだけで説得力のあるものにすることができます。そのための準備として、「ブレスト・シート」を使いながら、これら4つのパートにどの情報を盛り込んでいくかを見極めていくのです。

　例えば、「課題」のパートであれば、「小鍋料理のレシピ本がない」というメッセージを打ち出すのがいいのかもしれないし、「一人で食事をとる人が増えている」というメッセージを打ち出す方がいいのかもしれません。

　もしも「小鍋料理のレシピ本がない」というメッセージを打ち出すのであれば、その「根拠」としてどんなデータ・情報があるのか、さらに、そのデータ・情報を「図解化」するか否かといったことを、「ブレスト・シート」に書き込みながら、資料全体のイメージを具体化していくわけです。

　では、早速、それを実演していきましょう。まず、【図3-2】をご覧ください。これは、「レシピ本『まいにち小鍋』（仮）企画書」の内容を「分解」

図3-2 プレゼンの内容を「分解」する

レシピ本『まいにち小鍋』(仮) 企画書

背景

　近年、冬場の家庭料理として「小鍋料理」が人気だ。スーパーでは「一人前用の鍋スープのもと」が大量に積んであるほか、雑貨店などでも大鍋よりも小鍋の方が目立っている。A社の調査報告書によると、「大きい土鍋」を使用する家庭が減り、「ひとり鍋」を食べる人が増えていることがわかったという。また、Googleトレンドでの「一人鍋」のキーワード検索数は増加傾向にあるとのレポートもある。

　この背景には、一人世帯が一貫して増え続けているという長期トレンドがあると思われる（国立社会保障・人口問題研究所）。また、B社の調査によると複数人世帯においても「家庭内個食化」の傾向が強まっているようだ。

　本書の企画者である私自身、冬場は、家族の食事が終わった後に帰宅し、毎日「小鍋」をつまみに晩酌をしているが、味つけのバリエーションが少なく、「小鍋のレシピ集があれば欲しい」と思う。

課題

　ところが、こうしたニーズが増えているはずであるにもかかわらず、書店には「大鍋レシピ本」しかないのが実情だ。「ひとり鍋」という言葉を使ったレシピ本はあるが、「ひとり＝寂しい」せいか部数は伸びていない。

背景？ 未来像？

　また、大人気料理家である小田真規子先生によると、「大鍋」と「小鍋」は"別の料理"だという。大鍋は、多種の具材を多く入れることから、ごった煮的に様々な出汁が出るため、どれも似通った味わいになりがちだが、小鍋は具材の種類が少なく、量も限られるだけに、具材によって味の差が出て、バリエーションが豊富。つまり、「小鍋レシピ本」は新規性があるということだ。

提案

　そこで、『まいにち小鍋』というレシピ本を提案する。小田先生を著者としてお迎えすることで、信頼度・完成度の高いレシピを掲載するほか、「ひとり鍋」という"寂しさ"を排したタイトルのもと、小型で可愛らしい装丁で手に取りやすい本にする（新書判並製、オール4色、税抜1100円）。

未来像

　鍋シーズンに間に合うよう9月末に刊行するため、5月にレシピ確定、6月に撮影、7～8月で編集を完了させる。また、春には書店から返品されるため、9月末に再び書店に並べるサイクルを確立すべく、10月～2月の店舗別販売状況を検証し、"売れる店舗"に絞って配本するPDCAを回す。

ビジュアル	実際の様子の写真を入れて信憑性を持たせる
図解	ひとり鍋増加の数字を棒グラフで見せる
図解	Googleトレンド 検索数増加のグラフ
図解	ひとり世帯増加のグラフ
図解	家庭内個食傾向のグラフ
図解	「ひとり鍋」がブルーオーシャンであることを提示するポジショニングマップ（マトリックス）
図解	大鍋・小鍋の違いを表で比較する
ビジュアル	装丁をイメージさせるようなビジュアルを入れる
図解	提案内容をサマリーとして表に記載する
図解	営業戦略のイメージを掴みやすいようなサイクル図 スケジュールをガントチャートで示す

したものです。

　ご覧のとおり、ざっくりと「課題」「原因（背景）」「解決策」「効果（未来像）」を切り分けるとともに、「図解化できる部分」「ビジュアル（画像）で見せることができる部分」などをピックアップしていくわけです（実際には、この作業を頭の中で行うことが多いですが、慣れないうちは、紙に書き出しながら考えた方がいいでしょう）。

▶ プレゼン資料に盛り込む「情報」を精査する

　こうして「分解」したパーツを、【図3-3】のように「ブレスト・シート」に落とし込んだうえで、どのようにプレゼン資料を組み立てていくかを、「手書き」で加除修正をしながら、じっくりと見極めていきます。

　ここで最も重要なのは、「課題」「原因（背景）」「解決策」「効果（未来像）」に書いた内容が、「なぜ？」「だから、どうする？」「すると、どうなる？」という因果関係で繋がっているかどうかを、入念にチェックすることです。
　【図3-2】で「課題」「原因（背景）」「解決策」「効果（未来像）」の「メッセージ」にあたるパートを抽出していますが、実際にこれを「ブレスト・シート」に書き込むと、「どうも、おかしい」「何か足りない」ということに気づくこともあります。その時には、説得力のある論理展開になるように、慎重に修正を加えていかなければなりません。

　そして、それぞれの「メッセージ」の「根拠」となるデータ・情報も書き出していきます。ひとつの「メッセージ」に対して、複数の「根拠」があることもありますが、主要なものはすべて書き入れるようにしてください。
　なぜなら、「根拠」を一覧することで、「どれが本質的に重要な根拠で、どれが補足的な根拠なのか」が見えてくるからです。そして、不要な要素を赤線で消したり、本編スライドに入れる要素に「○」、アペンディックスに入れる要素に「△」をつけることによって、情報を整理していくのです。

図3-3 『まいにち小鍋』企画書のブレスト・シート

『まいにち小鍋』書籍企画ブレストシート

	メッセージ	データ（根拠）	図解・ビジュアル
課題	近年、自宅で「小鍋料理」を食べる人が増えているが、「大鍋レシピ本」ばかりで「小鍋レシピ本」はほぼない	・「ひとり鍋」増加（A社調査） ・「一人鍋」キーワード検索の増加 ・「小鍋スープの素」など関連商品の売り場拡大 ・雑貨店での小鍋展示の増加 ・書店にはほぼ「大鍋レシピ本」しかない ・~~「大鍋」と「小鍋」は味付けが異なる別料理~~	・各データのグラフ ・スーパーの小鍋スープ写真 ・~~雑貨店の小鍋展示写真~~ ・~~鍋本レシピの現状マッピング~~ ・~~書店の鍋本コーナーの写真~~ ・大鍋レシピと小鍋レシピの比較表
原因（背景）	「大鍋から小鍋へ」というニーズの変化が、一人世帯の増加、家庭内個食の増加といった社会的なトレンドに基づくものであることに気づいていない。~~これから、「小鍋ニーズ」はさらに高まる。~~	・一人世帯の継続的増加（公的機関データ） ・家庭内個食化傾向（B社調査）	各データのグラフ
解決策（提案）	『まいにち小鍋』という書籍の発刊	・大人気料理家・小田真規子先生を著者に迎え、充実した小鍋レシピを提案していただく（~~大鍋と小鍋は別の料理~~） ・「ひとり鍋」ではなく「小鍋」というキーワードを使用 ・「まいにち小鍋」というタイトルによって、「新しいライフスタイル」の提案とする ・「小鍋＝可愛らしい」を具現化した装丁	・小田先生の紹介 ・書籍イメージの写真 ・△「ひとり鍋」という言葉と、「小鍋」という言葉の対比表 ・~~大鍋レシピと小鍋レシピの比較表~~
効果（未来像）	・「小鍋レシピ本」を求めている読者に喜んでいただく ・「小鍋生活」というライフスタイルを提案することで、「小鍋料理」を楽しむ人を増やす ・他社に先駆けて「小鍋レシピ本」を出版することで先行者利益を得る	・「鍋本」市場におけるブルーオーシャンに、はじめて投入される書籍 ・◎「小鍋」の味付けは、「大鍋」とは全く別。新しい料理のレシピとしての新規性 ・季節商品としての販売戦略	・スケジュール（ガントチャート） ・◎鍋本レシピの現状マッピング ・◎大鍋レシピと小鍋レシピの比較表 ・売上増加に向けた営業戦略（循環図）

また、それと同様の手順で、「図解・ビジュアル」に書き込んだものについても、「本編スライドに入れるもの」「アペンディックスに持っていくもの」「不要なもの」を峻別していきます。このようなプロセスを経ることによって、闇雲に「図解スライド」をつくることなく効率的に、説得力のあるプレゼン資料をつくることができるようになるのです。

　なお、1人でブレスト・シートに書き込みながら整理したうえで、できれば関係者で集まってブレストしながらブラッシュアップすると"抜け漏れ"が生じにくくなります。
　社内プレゼンであれば、この段階で上司の意見を聞いておけば、あとでつくり直しになる可能性が低くなるでしょう。あるいは、関係部署のスタッフに加わってもらえれば、社内決裁を得る段階で"横槍"が入ることも防げますし、何よりも、プロジェクトの実行段階で協力を得やすくなるでしょう。その意味でも、このプロセスは、きわめて重要なものなのです。

Lesson 4 「本質」を見極めたうえで、スライドをデザインする

▶ スライドのプロットを並べてみる

　Lesson 3でご説明したように、パワーポイントやキーノートを立ち上げてスライドのつくり込みに入る前に、「ブレスト・シート」に書き込みながら、プレゼンで伝える内容を「分解・整理」することは、質の高いプレゼン資料を効率的につくるために非常に大切なプロセスです。

　ただし、「ブレスト・シート」の整理ができたとしても、いきなりスライドのつくり込みを始めるのはやめたほうがいいでしょう。まずは、「ブレスト・シート」をもとに、【図4-1】のようにスライドのプロットを並べることをおすすめします。

図4-1 スライドのプロットを並べる

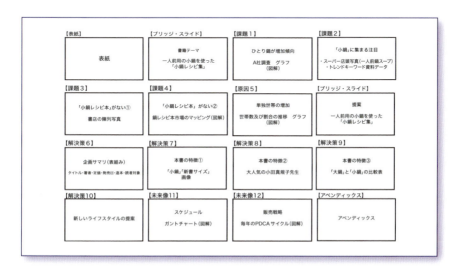

ご覧のように、この段階では、具体的な図解や画像を置いたり、スライド・デザインを考える必要はありません。テキストだけで、それぞれのスライドにどのような内容を盛り込むべきかを記すだけで十分です。

▶ プロットを眺めながら「ブラッシュアップ」をする

ここで大切なのは、全体のスライドを俯瞰しながら、「1課題▶2原因（背景）▶3解決策▶4効果（未来像）」の4つのロジックがスムーズに流れているかを確認しながら、それぞれのスライドに盛り込む内容を調整したり、スライドを追加・削除したり、並べ替えたりしながら、完成イメージに近づけていくことです（図4-2参照）。

言うまでもありませんが、【図4-2】の赤字・赤線は脳内で考えていることで、これをPCなどでパワポやキーノートを操作しながら修正をしていくわけです。

図4-2 プロットをブラッシュアップする

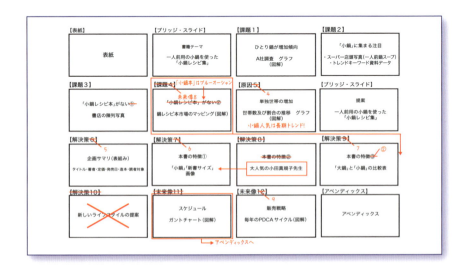

ここでは、本編スライドが12枚とやや多めだったので、それを「5～9枚」に減らすことを意識しながら、より説得力のある展開になるように調整をしています。

　大きな修正のひとつが、【課題4】の図解スライドを、後ろにズラして【未来像8】にしていることです。この図解スライドは、「書店にあるのは、大鍋レシピ本ばかりで、小鍋レシピ本がない」ことをマッピングで図解するものですが、当初は「小鍋レシピ本がない」という「課題」を示すために用いようとしていました。

　しかし、実際にスライドを並べてみると、この図解を「ブルーオーシャンである小鍋レシピ市場に、『まいにち小鍋』を投入したら、たくさん売れるに違いない」という「未来像」を示すために使ったほうがいいと考え直しました。そして、スライドの趣旨も「『小鍋レシピ本』がない」から、「『小鍋本』はブルーオーシャン」と書き換えています。

　また、【原因5】の「単独世帯の増加」を示すデータを図解にするスライドに、「小鍋人気は長期トレンド！」というキーメッセージを書き込んでいます。

　これは、「近年の小鍋人気は一過性のものではなく、一人世帯の増加などを背景とする長期トレンドである。にもかかわらず、市場に小鍋レシピ本がない。そこに『まいにち小鍋』を投入すれば、長期的に売れるに違いない」という、この企画提案の最も本質的なポイントです。プロットを眺めながら、このメッセージの重要性に気づいたため、それを明記したのです。

▶ スライドの「デザイン・イメージ」を見極める

　あるいは、もともと【図4-1】では【解決策7】と【解決策8】に分けていた図解スライドを、枚数を減らすために1枚にまとめています（つまり、図解スライドのつくり方が変わる）。

　さらに、これも同じく枚数を減らすために、重要度が低い【解決策10】の図解スライドをカットし、【未来像11】の図解スライドをアペンディック

スに回すことにしました。

　このように、実際にスライドをプロットしてみることで、見えてくることはたくさんあります。
　特に、スライド作成に時間と手間のかかる「図解スライド」について、その要不要と内容、デザイン・イメージなどを、この段階でしっかりと見極めておくことは、スピーディに効果的なプレゼン資料をつるうえでとても大切なことです。

▶「図解スライド」を1枚ずつつくり込む

　こうして、プレゼン資料の構成・イメージが固まって1枚ずつスライドをつくり込んでいきます（もちろん、このプロセスでも適宜、内容をブラッシュアップしていきます）。

　そして、完成したのが【図4-3】でお示しするプレゼン資料です。
　ぜひ、スライドを1枚1枚モニターに映し出しながら、【トーク例】のような内容を口頭で伝えることをイメージしながら、全体を読み通してみてください。
　これだけが「正解」というわけではありませんが、『まいにち小鍋』という書籍企画の骨子を手短かに伝えるとともに、「GOサイン」を勝ち取れるだけの説得力のあるものになっていると思います。

　もちろん、ここに掲げたスライドがすべてではなく、本編には盛り込めなかった情報・データなどは、アペンディックスとして用意しておきます。
　そして、プレゼン終了後のディスカッション（質疑応答）の場面で、それらアペンディックスも適宜示しながら、この企画に対する理解を深めてもらうように努めます。

　そして、注目していただきたいのは、図解やビジュアルを主体とした構成

図4-3 『まいにち小鍋』を提案するプレゼン資料

表紙

2015年11月期 編集会議

書籍企画
『まいにち小鍋』ご提案

編集局　第四編集部
田中　泰

【トーク例】
新刊書籍の企画『まいにち小鍋』をご提案いたします。

ブリッジ・スライド

書籍テーマ

一人前用の鍋を使った
「小鍋レシピ」集

【トーク例】
書名からおわかりのことと思いますが、本書は「一人前用の鍋を使った『小鍋レシピ』を紹介する」ものです。

課題1

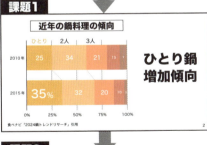

近年の鍋料理の傾向

	ひとり	2人	3人		
2010年	25	34	21		
2015年	35%	32	20		

ひとり鍋
増加傾向

食ペナビ「2024鍋トレンドリサーチ」引用

【トーク例】
近年、一人、あるいは少人数で鍋を食べる人が増えているという調査が増えています。

課題2

「大鍋」より「小鍋」が主流へ

スーパーで「一人前の鍋スープ」が大人気　｜　雑貨屋でも「小鍋」が主役

「一人前の鍋スープ」出荷数は5年で○%増加　｜　「小鍋」出荷数は5年で○%増加

→「鍋」の概念が変わるタイミング

【トーク例】
実際、スーパーでは「一人前用の鍋スープの素」が大量に陳列され、雑貨屋では「大鍋」よりも「小鍋」が主役です。また、ネットの検索キーワードでも「一人用の鍋」はトレンド入りしているようです。まさに、今は「鍋」の概念が変わるタイミングだと思うのです。

図4-3 『まいにち小鍋』を提案するプレゼン資料

課題3

現状
「小鍋」本は
ほとんどない

【トーク例】
ところが、書店に並ぶのは「大鍋レシピ」の本ばかりで、「小鍋レシピ」はほぼ見当たりません。わずかに「ひとり鍋」という言葉を使ったレシピ本はありますが、「ひとり＝寂しい」というイメージがあるせいか、あまり売れていないようです。

原因4

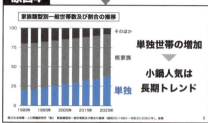

家族類型別一般世帯数及び割合の推移

単独世帯の増加
↓
小鍋人気は
長期トレンド

【トーク例】
では、先ほどお伝えした「小鍋人気」は一過性のものなのでしょうか？ 違います。ご覧のように、「単独世帯」が年々増加しているほか、「複数世帯」でも「個食化」が進んでいるという調査結果が複数あります。つまり、「小鍋人気」の背景には、こうした社会的な長期トレンドがあるわけで、今後、ますます小鍋に対するニーズは増えていくということです。

ブリッジ・スライド

書籍テーマ

一人前用の鍋を使った
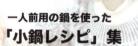
「小鍋レシピ」集

【トーク例】
そこで、提案するのが「小鍋レシピ集」である『まいにち小鍋』という書籍です。

解決策5

書籍概要

タイトル	まいにち小鍋
著者	小田真規子
定価	1,100円（税抜）
発売日	2016年9月末
造本	新書判、オール4色、160ページ、並製
主な読者対象	一人暮らしの老若男女 簡単で、安価で作れるレシピを求めている人々

【トーク例】
企画の概要はこちらです。新書版、160ページ、定価1100円。今年の「鍋シーズン」に間に合うように、9月末に刊行するスケジュールを考えています。

解決策6

本書の特徴

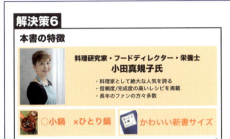

【トーク例】

本書の特徴は3つ。まず、小田真規子先生が著者を引き受けてくださいました。絶大な人気を誇る料理家で、ご自身も小鍋を楽しんでいらっしゃるとのことで、最高の著者さんだと確信しています。第2に、「ひとり鍋」ではなく、「小鍋」という言葉を使うことで、手に取りやすいタイトルになっていること。最後に、新書サイズでかわいらしい装丁にすることで、老若男女に気に入っていただけるようにすることです。

解決策7

「小鍋料理」と「大鍋料理」は別の料理

	大鍋	小鍋
味の作り方	ごった煮的にさまざまな出汁が出る	具材の素材の味の影響力が強く出る
味わいの変化の幅	小さい	豊富
レシピ本	多く出版(2,000冊以上)	ほぼない

料理研究家 小田真規子氏インタビューに基づく比較

【トーク例】

また、小田先生によると、具材が多い大鍋と、具材が少ない小鍋は、「味の作り方が全く異なる」とのことですから、既存の「大鍋本」とは異なる、料理書としてもイノベーティブなものとなります。

未来像8

「まいにち小鍋」が売れる理由

【トーク例】

先ほどもお伝えしたとおり、現在、書店には「大鍋本」しかなく、需要が高まっている「小鍋本」はほぼ皆無です。そのブルーオーシャンに、強力な内容を備えた『まいにち小鍋』を投入すれば、長期的に売れ続ける確率が非常に高いと思います。ぜひ、チャレンジさせてくださいますよう、お願いいたします。

未来像9

販売戦略

【トーク例】

なお、本書は季節商品となりますので、春になれば書店から返品が戻ってきます。そのため、"本書が売れる書店様"を正確に把握して、次の鍋シーズンに入るタイミングで再び配本するサイクルを回していく必要があります。この点については、すでに営業部の担当者と相談しています。

になっていて、文章表現で伝える部分を最小限に留めていることです。

　文章をずらずらと記したスライドをモニターに映し出しながら、それを読み上げるようにしてプレゼンするビジネス・パーソンをしばしば見かけますが、それではわざわざプレゼン資料を提示する意味がありません。

【図4-3】を見ればわかるように、言葉による説明は口頭ですればいいのであって、スライドにおいては、その言葉の意味することを視覚的・直感的に理解できるような「図解」や「ビジュアル」を見せることを意識した方が、断然効果的なのです。

　ただし、一点ご注意いただきたいことがあります。

　本書では、なるべく文章を減らしてシンプルな「図解」を中心としたプレゼン資料をつくることをおすすめしていますが、関係者に配布して「読んでもらう」資料では、あまり文章を減らしすぎると、何が言いたいのかが伝わらないことになりがちです。資料の性格に応じて、文章量は適切に判断していくようにしてください。

第2章
「図解の基本」をマスターする

Lesson 5 ビジネス・プレゼンに必要な「8つの図解」

▶ 「図解化」のイメージをどうつくるか?

　第1章では、プレゼン資料を「図解化」するすべてのプロセスを再現しながら、わかりやすくて説得力のある資料を効率的につくる「思考法」を解説してきました。簡単におさらいしておくと、いきなりスライドをつくり始めるのではなく、「ブレスト・シート」を活用しながら、次のようなステップを踏んでいきます。

【ステップ①】頭の中にある「プレゼンで伝えるべき内容」を「分解」した上で、「課題▶原因(背景)▶解決策▶効果(未来像)」という論理展開になるように、プレゼン資料に盛り込む「データ・情報」を取捨選択しながら「整理」する。
【ステップ②】1枚1枚のスライドで伝えるべき「本質」を見極めつつ、スライド・デザインをイメージする。
【ステップ③】「図解スライド」を1枚ずつデザインしていく。

　このようなステップを辿ることによって、闇雲に「図解スライド」をつくり始めたのちに、結局、そのスライドは使わなかったり、プレゼン全体の流れに合わせてつくり直す必要に迫られたりといった無駄を未然に防ぐことができます。その結果、わかりやすくて説得力のあるプレゼン資料を、効率的につくることができるというわけです。

　さて、ここで問題にしたいのは、【ステップ②】のプロセスです。
「ブレスト・シート」や「スライドのプロット」で精査した結果、1枚1枚のスライドで伝えるべき「本質」を見極めたうえで、「このスライドは図解

化することで、わかりやすくなるか？」「図解化するならば、どのような図解にすべきか？」といったことをイメージしていくわけですが、この時に、どのように考えると「正解」にスピーディに辿り着けるのか？ この問題を考えたいのです。

▶「パターンに当てはめる」のが正解

　私たちがおすすめしているのは、「パターンに当てはめて考える」という方法です。

　もちろん、ゼロベースで「どのように図解化したらわかりやすくなるだろう？」と考えることを否定するわけではありませんが、慣れないうちは時間もかかりますし、仕上がりの精度もあまり上がらないでしょう。それよりも、「このデータは、あの図解パターンに当てはまりそうだ！」といった感じで発想していった方が適切だと思うのです（図5-1 参照）。

図5-1 「図解化」はパターンに当てはめて考える!

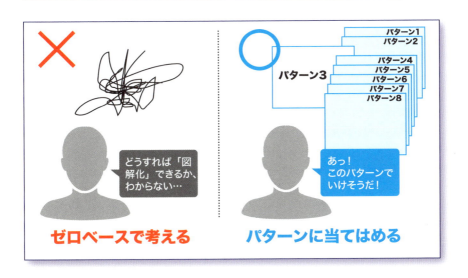

第2章　「図解の基本」をマスターする

図5-2 図解の基本「8パターン」

①基本型（ボックス化）

- 2つの事柄の関係性を示す
- 両者の関係性のほか、因果関係、プロセスなども表現可能

②フローチャート

- プロセスを時系列で示したり、論理の流れなどを表現する

③サイクル型

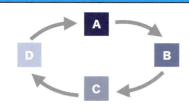

- 「PDCAサイクル」が典型だが、循環するプロセスや論理展開を図示する

④サテライト型

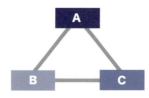

- ある商品・サービスの特徴を図示する場合などに便利
- それぞれが独立した事柄でありつつ、関連性がある場合に適した図解

⑤ツリー型

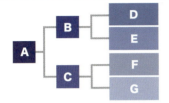

- ロジック・ツリーのように、ひとつの事柄を要素に分解していくのを図示する
- 組織図のように、全体構造を図示する

⑥マトリックス型

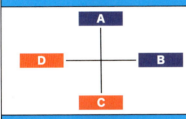

- 自社の商品、サービスのポジショニングなどを図示する

⑦グラフ

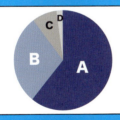

- 棒グラフ、折れ線グラフ、円グラフなど、数値の推移、割合などを視覚的にわかりやすく図示する

⑧表

	A	B
1		
2		
3		

- 複数の事柄・数値を比較・検討しやすくするために、左右上下に配置して一覧化する

私たちはこれまであらゆるパターンの「図解スライド」をつくってきましたが、ビジネス・プレゼンにおいては、【図5-2】の「８つの基本パターン」を頭にインプットしておけば、ほとんどすべてのケースで対応することが可能です。
　もちろん、あくまでも「基本パターン」であって、実際に「図解化」する際には、内容次第で無限のバリエーションが生まれますから、そこに創意工夫は求められます。しかし、ゼロベースで考えるよりは、明らかに効率的に作業を進めることができるでしょう。

　そこで、Lesson 6から、この「８つのパターン」について、ひとつずつ詳しく解説をしていきます。それぞれのパターンの「使い方」や「バリエーション」を頭にインプットしていただければ、プレゼン資料の「図解化」をスムーズに行うことができるようになるはずです。

Lesson 6 「ボックス化」で関係性を表現する

▶ 対比するときは「箇条書き」より「ボックス化」

「図解化」の最も基本的なパターンは「ボックス化」です。

やることはきわめてシンプル。ただ、テキストをボックスで囲って表示するという、ただそれだけのことです。

しかし、これが効果的です。2つ以上のことがらを対比しながら説明する場合には、【図6-1】のように箇条書きで表現することもできますが、【図6-2】のように「ボックス化」することで、より一層理解しやすくなることがおわかりいただけるはずです。

図6-1 箇条書きのスライド

プレゼンテーションのソフトの選択肢について

■PowerPoint派
・多くの企業でよく使われている
・Microsoft Officeとの高い互換性
・アニメーションやエフェクト機能が豊富

■Keynote派
・Macに標準装備されている
・デザイン性が高く、洗練されたテンプレートが多い
・アップル製品間での同期が簡単

※用途や環境によって最適な選択がある。
※企業や個人のニーズによって、どちらを選択するかが変わる

第2章 「図解の基本」をマスターする

図6-2 ボックス化したスライド

> **2つのプレゼンツール**
>
> **PowerPoint**
> ・多数企業で主流ツール
> ・MS Officeとの高い互換性
> ・エフェクト機能が豊富
>
> **Keynote**
> ・Mac 標準装備
> ・洗練されたテンプレート
> ・iPad/iPhone同期可能
>
> **用途や環境によって最適な選択を**

▶「記号＋キーワード」で無限のバリエーション

　さらに、この「ボックス化」をベースに、2つ以上のことがらの「関係性」を図解するのも非常に有効です（図6-3参照）。このパターンはとても使い勝手がいいので、わかりやすいプレゼン資料をつくるうえで欠かせない手法だと思います。

　重要なのは、【図6-3】で示したように、「関係性を示す記号とキーワード」の組み合わせによって、実に多くのバリエーションをつくり出すことができることです。

　「一方向の矢印」を使えば、①のように、「影響」という言葉と組み合わせることで、「円安により輸入物資の価格が高騰している」という「因果関係」を示すこともできますし、②のように、「プレゼン」という言葉と組み合わせることで、「企画を提案してから承認される」という「プロセス（順序）」

図6-3 「関係性」をシンプルに表現する図解

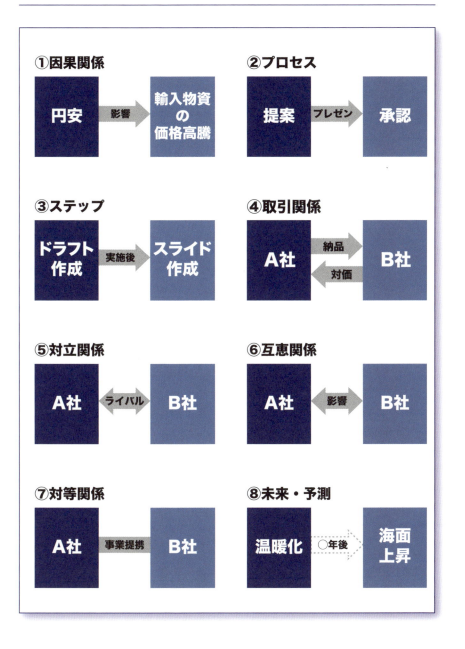

を示すこともできます。あるいは、④のように「一方向の矢印」を組み合わせることで、「A社が納品して、B社が対価を支払う」という「取引関係」を示すこともできます。

また、「双方向の矢印」を使えば、⑤のように「ライバル」という言葉と組み合わせることで、「A社とB社は競い合っている」という「対立関係」を示すこともできますし、⑥のように「影響」という言葉と組み合わせれば、「A社とB社はお互いに影響を与え合っている」という「互恵関係」を示すこともできます。

さらに、⑦のような「記号」を使えば、「A社とB社は対等な関係で事業提携している」というニュアンスを伝えることができるでしょう。

このように、「ボックス化」したうえで、「記号とキーワード」の組み合わせを工夫することによって、2つ以上のことがらの「関係性」を視覚的に示すことができるのです。

▶「組み合わせ」で複雑な話もスッキリ説明できる

ここで、応用問題を出しましょう。
ここまでご説明してきた「ボックス化」の図解化スキルを活用して、次の"ちょっと込み入った話"をわかりやすく説明するスライドをイメージしてみてください。

> 日本企業であるA社（資本金50億円）とB社（資本金30億円）は、同じ市場で競い合うライバル関係にありましたが、このたび事業提携を発表しました。その背景には、事業規模で両者を大きく上回るアメリカのC社（資本金150億円）が日本市場への参入を表明したことがあります。

みなさんは、どんなスライドをイメージしましたか？
私たちが考えたのは【図6-4】のような展開です。これをアニメーション

図6-4 "ちょっと込み入った話"を図解化する

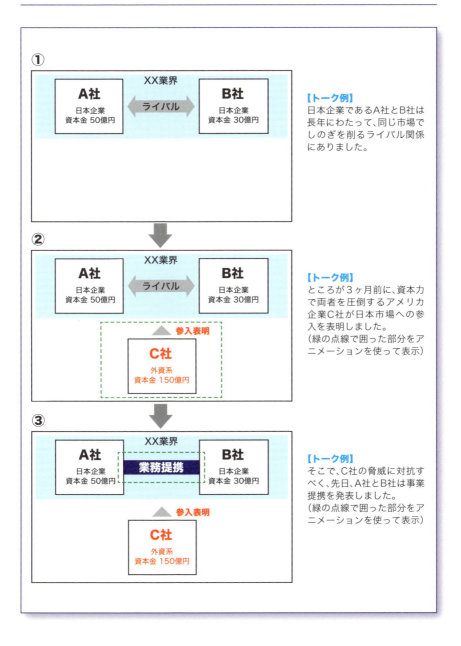

を使って表現すれば、A社とB社がライバル関係を解消して、事業提携を結ぶに至った背景を、すぐに理解してもらえると思います（アニメーションの使い方は、Lesson23で詳しく説明します）。

　このように、「ボックス化」に「記号＋キーワード」という図解を組み合わせることで、"ちょっと込み入った関係性"をわかりやすく伝えることができるようになります。非常に使い勝手のいい手法ですので、これをマスターしていただければ、プレゼン資料の表現力はみるみる高まっていくに違いありません。

Lesson 7 「フローチャート」で"流れ"を表現する

▶「時系列」や「手順」はフローチャートで示す

　Lesson6で紹介した「基本型（ボックス化）」を、さらに発展させた図解パターンが「フローチャート」です。
【図7-1】が典型的なものですが、「ボックス化」したり、「矢羽根」にしたりした複数の要素を、時系列や手順などの順序に従って並べるものです。この「社員募集のプロセス」を文字情報だけで伝えようとすると、非常にまどろっこしい表現になってしまいますが、ご覧のとおり、フローチャートに落とし込めば一目瞭然となります。
　フローチャートをつくるときの最大のポイントは、【図7-1】のように、

図7-1 「フローチャート」の基本形

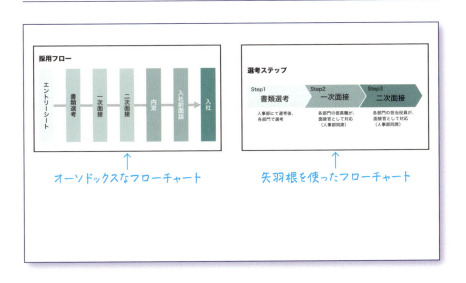

第2章　「図解の基本」をマスターする　055

要素を「左から右」の流れに沿って並べるのを基本とすることです。

これは、人の自然な「目の動き」に基づいたノウハウです。

何かを目にしたとき、その全体を把握するために、人は「左から右」に目線を動かしますから、その流れに沿って要素を流すとスッと理解できます。逆に、目線の自然な流れに逆らって「右から左」に流すと、非常に理解しづらいスライドになってしまうのです。

▶「左から右」に流すほうが"表現力"がアップする

ここで疑問に思う方もいらっしゃるはずです。
「人の目線の自然な流れに沿う必要があるのならば、"左から右"だけではなく、"上から下"でもいいのではないか？」

これはおっしゃる通りです。
たしかに、フローチャートを「上から下」に流しても意味を読み取るのに支障はありません。それでも、私たちは「プレゼン資料においては、"左から右"が基本」だと考えています。
その理由は、スライドの形状にあります。スライドは横長の形状をしていますから、「上から下」よりも「左から右」でフローチャートを流す方が、スライドの表現力を高めることができるのです。

例えば、【図7-2】をご覧ください。
これは、【図7-1】で示した情報に、「日付」と「実際にかかる時間」という情報を付加したスライドですが、ご覧のように、「実際にかかる時間」を「空間の大小」で表現することで、それを「体感」できるようになっています。
これは、文字情報だけでは到底表現できないことであって、「図解」にすることで初めて表現できることです。そして、このような「表現」をするためには、なるべく広いスペースが必要。そのためには、「横長」というスラ

図7-2 「左から右」に流すことで「表現力」を高める

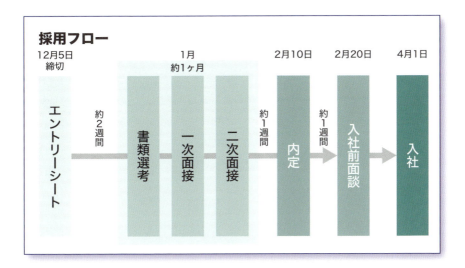

イドの特性を活かすために、「左から右」に流すことを基本とすべきだと思うのです。

なお、これをさらにアレンジして、【図7-3】のようなスライドをつくれば、「未経験採用」と「即戦力採用」のスケジュールを比較して、「即戦力採用」の方が早期に入社までたどり着けることを体感してもらうこともできるでしょう。

これも、言葉だけで説明しようとしたら、煩雑きわまりないことになりますが、上手に図解化することで瞬時に理解してもらえるようにすることができるのです。

▶ 文字情報が多い場合は「上から下」に流す

ただし、文字情報が多い場合には、フローチャートを「左から右」に流すのが難しくなります。

図7-3　「未経験採用」と「即戦力採用」を比較する

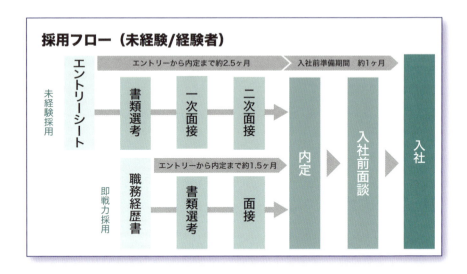

　例えば、【図7-1】のフローチャートにおいて、「エントリーシート締切：すべてデジタル情報での受付。手書き・郵送不可」「書類選考：人事部にて選考後、各部門ごとに選考」などと、それぞれの要素について「説明文」を入れることを想像してください。

　こうした文字情報を、【図7-1】のそれぞれのボックスの中に挿入すると、縦方向のスペースが狭いために、どうしても小さなフォントを使用せざるを得なくなります。
　しかも、ボックス内に挿入する文章が複数行になる場合には、その文章の流れは「右から左」に流すことになるため、フローチャートの流れと逆行することになります。その結果、非常に理解しづらいスライドになってしまうのです（図7-4①参照）。

　そこで、このように文字情報が多い場合には、【図7-4】の②のように、フローチャートを「上から下」に流します。

図7-4 文字情報が多い場合は「上から下」に流す

① 文字を縦組みにするとわかりにくくなる

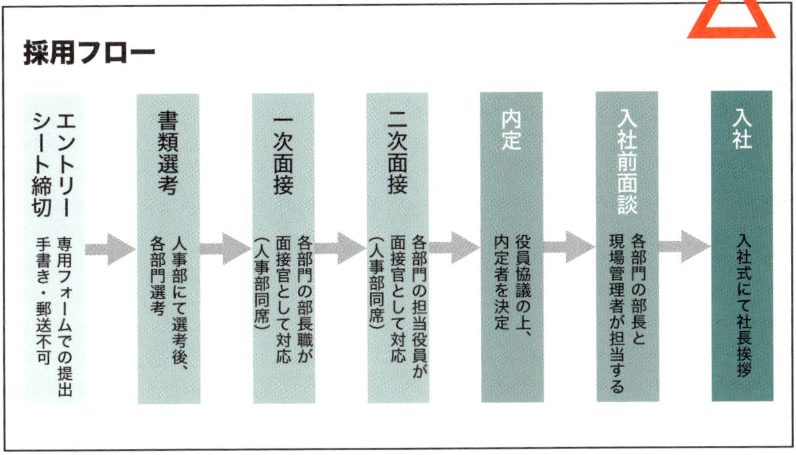

採用フロー

エントリーシート締切	書類選考	一次面接	二次面接	内定	入社前面談	入社
専用フォームでの提出　手書き・郵送不可	人事部にて選考後、各部門選考	各部門の部長職が面接官として対応（人事部同席）	各部門の担当役員が面接官として対応（人事部同席）	役員協議の上、内定者を決定	各部門の部長と現場管理者が担当する	入社式にて社長挨拶

② 文字を横組みにするとスムーズに理解できる

	概要	担当
エントリーシート	すべて専用フォームでの提出（手書き・郵送不可）	人事部・情報システム部
書類選考	人事部にて選考後、各部門選考	人事部・各部門人材担当
一次面接	面接（15分）、質疑応答	各部門部長・人事部
二次面接	面接（30分）、質疑応答	各部門役員・人事部
内定	役員会議にて協議の上、内定者決定	全役員
入社前面談	面談（30分）、オフィス見学	各部門部長・現場管理者
入社	入社式（毎月1日）、社長挨拶	人事部

このような形にすると、「縦方向」のスペースには制約がかかりますが、「横方向」に文字情報を付加するのは容易になります。しかも、時系列・順序の流れと、文章の流れも一致するので、理解しやすい「図解スライド」にすることができるというわけです。

　このように、私たちは、フローチャートは「左から右」に流すことを基本としつつ、文字情報が多い場合には「上から下」に流すようにしていますが、それを明確にルール化しているわけではありません。
　フローチャートの表現力を高めるためには、「横長である」というスライドの特性を最大限に活かすことを念頭に置きつつ、プレゼンする「データ・情報」の特性に合わせて、ケースバイケースでベストな判断をしていくことが求められるのです。

Lesson 8 「サイクル型」で循環するプロセスを表現する

▶「サイクル型」は"時計回り"に並べる

　ここで説明する「サイクル型」も、「基本型（ボックス化）」のバリエーションと言えます。
「サイクル型」は、始点と終点のあるプロセスを表現する「フローチャート」と違って、循環するプロセスを表現しています。【図8-1】のような「PDCAサイクル」が、その典型です。

　このような図解スライドをつくる際に、絶対に押さえておくべくポイントが2つあります。

図8-1 「サイクル型」の図解スライド

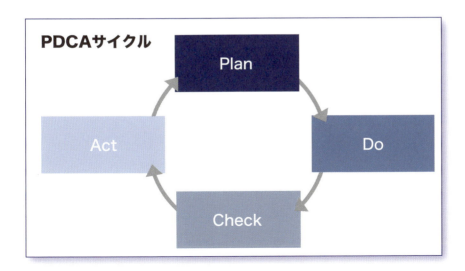

図8-2 「サイクル型」を"反時計回り"に並べるのはNG

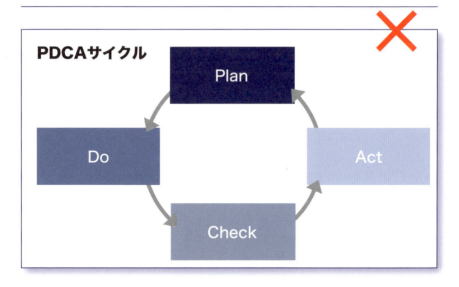

　第1のポイントは、ボックスの並べ方です。

「フローチャート」の場合には、時系列に沿って「左から右」か「上から下」に流す必要がありますが、「サイクル型」の場合には、時系列に沿って「時計回り」に流すのを基本にします。「反時計回り」にすると、人の目の自然な動きに逆行してしまうので、理解しづらいスライドになってしまうことが多いので、ご注意ください（図8-2参照）。

▶ 要素を細分化しすぎるとわかりにくくなる

　第2のポイントは、ボックスの数を3〜5つ程度に絞ることです。
【図8-3】をご覧ください。これは、Lesson4で提示した『まいにち小鍋』のプレゼン資料の1枚で「販売戦略のPDCA」を表現したものです。
『まいにち小鍋』は、季節商品であるがゆえに、鍋シーズンが終わった春には書店から返品されるため、秋ごろに再び書店に配本していく必要があります。そこで、前年度の売れ行きを精査したうえで、同書が売れる書店に絞っ

図8-3 ボックスの数を「3〜5つ」に絞り込む

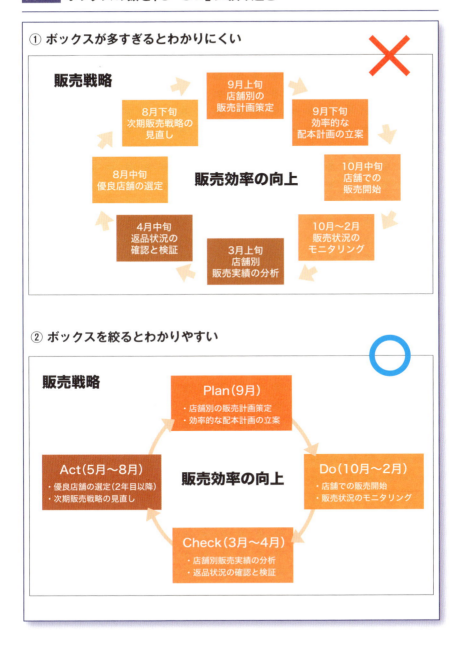

て配本することで、効率的に売り伸ばしていくサイクルを毎年回していくことを提案しているわけです。

　ところが、このサイクルを細かく表現しようとすると、①のようなスライドになってしまい、非常に理解しづらいものになってしまいます。
　そこで、このような場合には、②のスライドのように、「Plan」「Do」「Check」「Act」という項目で大きく括ったうえで、細目を表示するなどの工夫をします。①と比較して、格段にわかりやすいスライドになったはずです。
　このように、「サイクル型」のスライドをつくるときには、ボックスの数を３〜５つに絞り込むことを意識するようにしてください。

Lesson 9 「サテライト型」は3つに絞る

▶「サテライト型」と「ベン図」

「サテライト型」も「基本型（ボックス化）」のバリエーションの一つで、「フローチャート」「サイクル型」のように時系列的な"流れ"を表現するのではなく、何らかの関連性のある要素を図示するときに使用します。

　典型的なのが、【図9-1】のように、ある商品の「特長」を表示する図解スライドです。ご覧のように、「簡単」「安価」「安心」という「特長」を示す言葉を、「ボックス」で囲ってもいいし、「円」で囲っても構いません。それは、ケースバイケースで最適な形状を使えばよいと思います。

図9-1 「サテライト型」の図解スライド

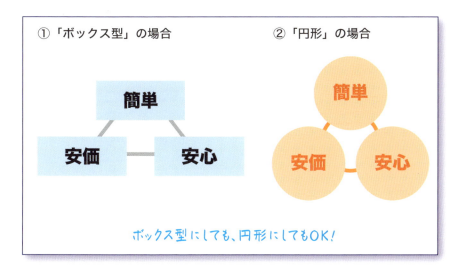

第2章　「図解の基本」をマスターする

図9-2 「円形」パターンはベン図としても使える

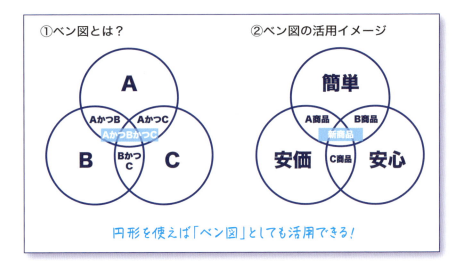

なお、「円形」を使えば、「ベン図」としても活用できます。

「ベン図」とは、【図9-2】の①のように、図形を重ね合わせることで、複数のことがらの関係性を視覚的に表現するものです。

例えば、【図9-2】の②のようなベン図を見せれば、「簡単、安価、安心」という3つの要素を全て兼ね備えた「当社の新商品」は、既存のA～C商品よりも優れていることを表現することができるでしょう。

▶ 伝える内容はなるべく「3つ」に絞る

「サテライト型」や「ベン図」をつくるときに注意していただきたいのは、スライドに盛り込む要素をなるべく絞り込むことです。

私たちがおすすめするのは、ズバリ3つに絞り込むことです。【図9-3】をご覧いただければ一目瞭然ですが、要素が5つに増えるだけで、一気に頭に入ってこなくなるからです。

もちろん、内容的にどうしても3つでは収まらない場合には、数を増やす

図9-3 できるだけ「3つ」に絞る

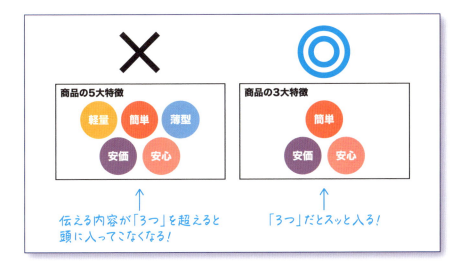

しかありませんが、なるべく3つに絞り込むように工夫することを強くおすすめします。

なぜか？
　伝える内容を3つにしたほうが、わかりやすいし、記憶にも残りやすいからです。人間は、与えられたテーマが3つを超えると、とたんに理解のスピードと正確性が落ちることが科学的にも実証されているのです。これを「マジックナンバー3の法則」と言います。

　実際、「三種の神器」「朝起きは三文の徳」「三人寄れば文殊の知恵」「三度目の正直」など、「3」という数字を使った言葉はやまのようにありますし、「上中下」「松竹梅」「金銀銅」など、ランク付けも3つに分けるものが多いですね。
　あるいは、古今東西の名言も「3」と関係するものがたくさんあります。例えば、リンカーン大統領の「人民の人民による人民のための政治」

も、"Government of the people, by the people, for the people." と下線部の3つのキーワードが強いインパクトを生んでいます。覚えやすいですし、語感がいいから多くの人が口にしたくなるために、言葉が伝播していきやすいのでしょう。

このように、「3」という数字には人間に訴えかける不思議な力があります。だからこそ、「3」という数字はマジックナンバーと呼ばれているのでしょう。この「マジックナンバー3」を、プレゼン資料に活かさない手はありません。

▶「3つのポイント」を連打して記憶に刻む

さて、「サテライト型」や「ベン図」で詳細情報を伝えるときには、どうすればいいのでしょうか？
　社内プレゼンでは、スライド作成に手間をかけないほうがよいので、

図9-4 情報を付記するパターン

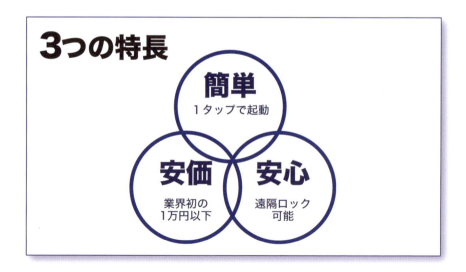

図9-5 詳細に説明する場合のスライド展開

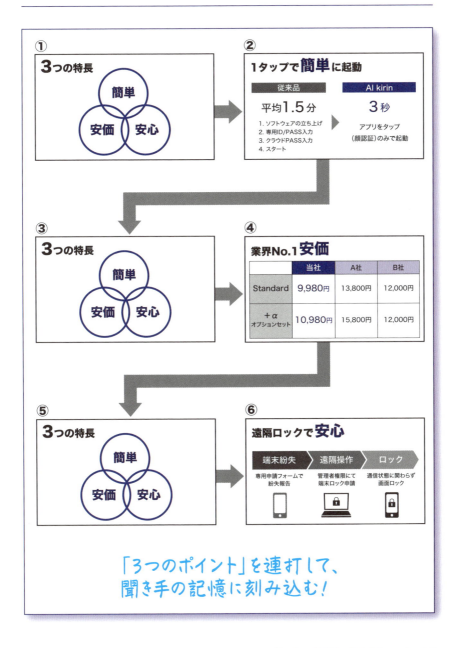

【図 9-4】のように、「簡単」という言葉の説明を付記しておいて、詳細は口頭で説明する程度にとどめておくのがよいでしょう。

　ただし、【図 9-4】のような簡単な説明では足りない場合もあり得ます。その場合には、【図 9-5】のように「簡単」「安価」「安心」について、1 枚ずつスライドを作成して見せていくのがよいでしょう。

　1 枚目のスライドを示しながら、「本商品の特長は、『簡単』『安価』『安心』の 3 つです。まず、『簡単』からご説明します」と口頭で伝えたうえで、2 枚目のスライドを表示。2 枚目のスライドの説明が終わったら、3 枚目で再び「3 つのポイント」を示します。そして、「次に、『安価』についてご説明します」と言いながら、4 枚目に移るわけです。

　このようにすることで、ひとつずつ丁寧に説明するとともに、「3 つのポイント」を何度も見せることによって、聞き手の記憶に刻み込むことも期待できるというわけです。

「ツリー型」で"網羅性"を伝える

▶ 全体の中での「位置づけ」を明示する

「ツリー型」も「基本型（ボックス化）」のバリエーションのひとつで、ビジネス・プレゼンではしばしば使用するものです。

これは、ある事柄を分解していくことによって、その階層や構造などを表現するのに適した図解です。ビジネス・プレゼンにおいては、これから説明する内容が、テーマ全体の中でどういう位置付けにあるのかを示す「ブリッジ・スライド」として使用されるケースが多いように思います。

例えば、【図10-1】をご覧ください。私たちは、企業などで「プレゼンテーション研修」を行うことが多いのですが、そのときに、このようなスライ

図10-1 テーマ全体の中での「位置付け」を明示する

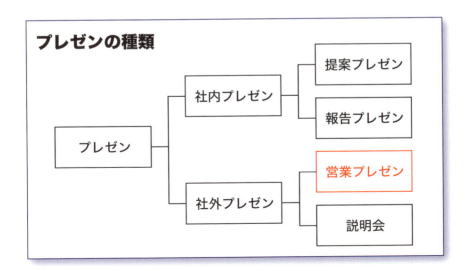

第2章　「図解の基本」をマスターする　071

ドをお見せすることがあります。

このスライドを示しながら、「ご覧の通り、プレゼンにはさまざまな種類がありますが、本日は『営業プレゼン』のノウハウについてお伝えします」などと言いながら、「営業プレゼン」のボックスをアニメーションで赤い太線で囲ったりすれば、聴衆のみなさんは、その日の研修の目的をはっきりと認識することができるでしょう。

▶ ロジックツリーで「問題の原因」を分解・特定する

あるいは、問題や課題を生み出している「原因」を特定するために、ロジックツリーを示すのも効果的です。

例えば、経営陣から「店舗の売上減少の改善策を提案するように」との指示があったとしましょう。そして、さまざまな角度から原因究明をした結果、【図10-2】のような改善策を立案したとしましょう。

図10-2 「店舗の売上改善策」についての提案内容

> 今年に入ってから半年で店舗売上が約2割も減少しています(売上推移データ)。至急対応策を打つ必要がありますが、まずは、売上減少の原因を特定する必要があります。
> 「売上=来客数×客単価」ですので、「顧客数」と「客単価」の状況を分析しました。すると、「新規顧客数」「リピーター数」ともに若干減少していることがわかりました(来客数推移データ)。しかし、それ以上に深刻なのは「客単価」の減少であり、特に大きいのが「1回購入単価の減少」であることがわかりました(客単価データ)。
> そこで、まずは「1回購入単価の減少」という最大の問題がなぜ起きているのか、その原因を特定するために、「顧客アンケート調査」を大至急実施することを提案いたします。

お気づきのように、下線部の説明がたいへんまどろっこしいため、この部分をロジックツリーに落とし込んだスライドを用意するとわかりやすいプレゼンになりそうです。

　そこで、【図10-3】でこの部分のスライドを実際につくってみましたので、一緒に見てまいりましょう。
　第1のポイントは、①のようなロジックツリーを見せることで、決裁者（経営陣）に、「売上減という問題について、網羅的に検証している」という安心感・納得感を与えることができることです。

　第2のポイントは、①④⑥が「ブリッジ・スライド」としての機能を果たすことで、プレゼンの流れが把握しやすくしていることです。

図10-3　ロジックツリーで「原因」を特定する

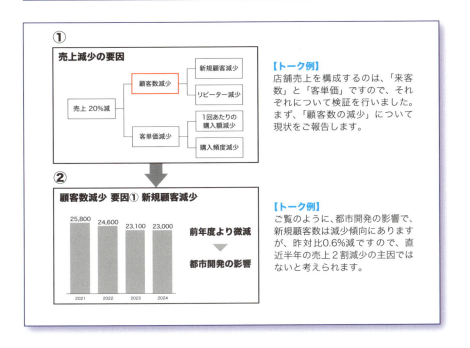

図10-3 ロジックツリーで「原因」を特定する

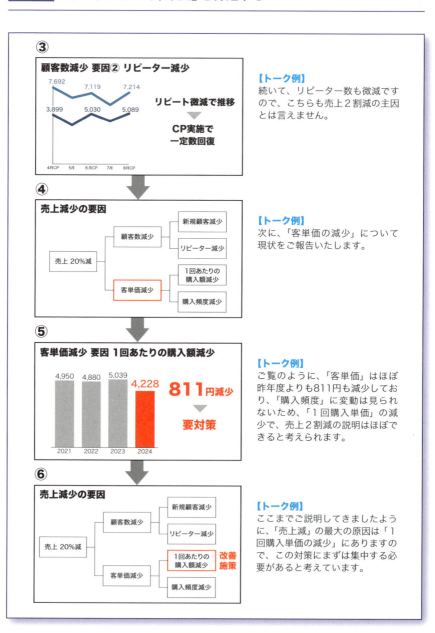

まず、①のスライドでは「顧客数減少」のボックスの枠を強調、④では「客単価減少」のボックスを強調することで、「これから何を説明しようとしているのか？」を俯瞰的に理解できるようになっています。
　そして、⑥のスライドで、「売上減」の最大の原因である「1回あたりの購入額減少」のボックスを強調することで、「原因の特定」を視覚的に伝えているわけです。このことをしっかりと決裁者にインプットすることができれば、このあと提案する「顧客アンケート調査」についても納得感を持って受け止めてもらえるに違いありません。

　このように、「ツリー型」のスライドを上手に活用することによって、わかりやすくて説得力のあるプレゼンをすることができるようになります。ぜひ、マスターしてください。

Lesson 11 「マトリックス型」でポジショニングを表現する

▶ ビジネス・プレゼンで頻出する「マトリックス型」

「マトリックス型」は、ビジネス・プレゼンで使用頻度の高い図解です。

ビジネスを進めていくためには、「自社商品の市場におけるポジショニング」や「自社や自社商品の比較優位性」を理解してもらうことが非常に重要ですが、これを文章で表現しようとすると煩雑な説明になるので、「マトリックス」を活用して図解化する場面が多いと考えられます。

例えば、Lesson 1 の【図1-4】のようなケースが典型です。

新規商品の開発を承認してもらうために、「その新商品が既存市場のなかで、どのような特異性をもっていて、どのようなニーズを取り込むことができるのか？」を説明しようとしているわけですが、【図1-4】のように「マトリックス型」で図解化すれば、「新商品のポジショニング」をほとんど一瞬で理解してもらうことができるでしょう。

▶ 「ポジショニング」と「比較優位性」で表現方法は異なる

ただし、単に「ポジショニング」を示すだけではなく、その新商品の「比較優位性」を強調したい場合には、もうひと工夫が必要となります。

ポイントは「右上」です。「比較優位性」をアピールするためには、自社や自社商品のポジションを、他社や他社商品よりも「右上」に配置するのが効果的なのです。なぜなら、「右上」の位置は、見る人に「右肩上がり」「上位」をイメージさせるポジションであるため、見た瞬間に「優位性」を体感することができるからです（図11-1 参照）。

図11-1 「比較優位性」を表現するときは、「自社」を「右上」に置く

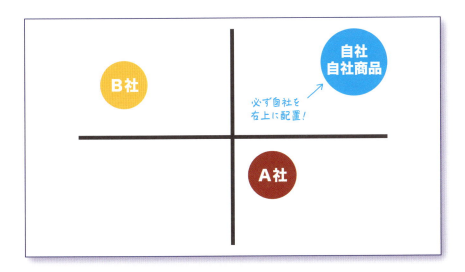

▶「縦軸/横軸」の設定が重要である

　具体的に考えてみましょう。
【図11-2】をご覧ください。これは、「①ポジショニングを示すパターン（【図1-4】を再掲）」を、「②比較優位性を訴求するパターン」に組み替えたものです。

　変更したのは縦軸です。
　縦軸を「上：高価格、下：低価格」から「上：コスパの良さ（低価格）、下：高級志向（高価格）」に変更することによって、「右上」のマトリックスを、「コスパが良くて耐久性が高い＝最もニーズのあるゾーン」にするとともに、「当品」が「A社」「B社」などの商品群よりも「右上」に配置することで、市場において「比較優位性」を有することを体感しやすくしているわけです。

図11-2 最も適切な「縦軸／横軸」を設定する

① 「ポジショニング」を示すパターン

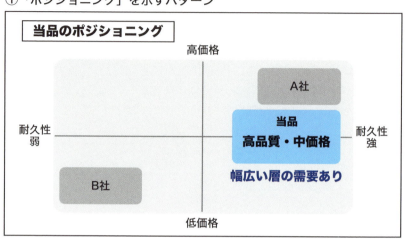

② 「比較優位性」を訴求するパターン

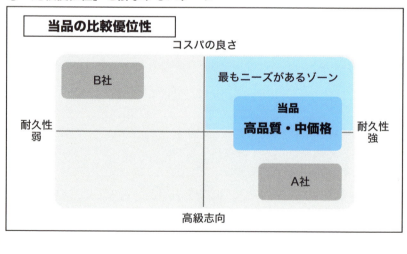

もちろん、本来、縦軸は「上：高価格、下：低価格」に設定したほうが、人間の直感に合致していますから、市場における「ポジショニング（商品特性）」を示す場合には①のパターンの方が望ましいと言えますが、「比較優位性」を強調したい場合には、なるべく自社や自社商品が「右上」に配置されるように工夫したほうがいいのです。

　なお、ここまで述べてきたことは、自社商品の比較優位性を表現する場合です。逆に、自社商品が劣位にある危機感を表現する場合には、マトリックスの「左下」に自社商品が来るように工夫します。要するに、目的に応じて配置を工夫するということです。

　ここまでの議論でもわかるように、「マトリックス型」の図解において、2つの重要なポイントがあります。
　第1に、「ポジショニングを説明するため」「比較優位性をアピールするため」といった、スライドの目的を明確にすること。そして第2に、その目的に照らして、最も適切な「縦軸/横軸」を設定するということです。この2点を念頭に置きながら「マトリックス型」の図解スライドをつくれば、非常に効果的なプレゼンができるようになるはずです。

Lesson 12 「グラフ」のわかりやすさがプレゼンを決定づける

▶ 絶対マスターすべき「3つのグラフ」

　ビジネス・プレゼンにおいて、最も重要かつ最も頻出する図解が「グラフ」でしょう。ビジネスにおける意思決定は「数字・データ」に基づいて行いますから、「数字・データ」の比較や推移、割合などを視覚的に表現する「グラフ・スライドの作成」をマスターすることは絶対に避けて通ることはできません。

　グラフにはさまざまな形態のものがありますが、私たちの経験上、「棒グラフ」「折れ線グラフ」「円グラフ」をマスターすれば、ほとんどのビジネス・プレゼンは対応可能だと思います。
　みなさんご存知の通りだと思いますが、念のため、それぞれの特徴を私たちなりに整理しておきましょう（図12-1）。

❶棒グラフ：棒の高さで「数字の比較」「数字の推移」を表現する
　【図12-1】の①は、特定の時点における競合商品の売上数を「比較」する棒グラフです。
　このように、「比較」するために棒グラフを使うこともありますが、それよりも、②のように「数字の推移」（自社商品の売上推移）を表現するために棒グラフを使うケースのほうが多いと思います。

　なお、③のように「数字の推移」は折れ線グラフでも表現できますが、「面積」で数字の大小を表現できる②の棒グラフのほうが、相手に強い印象を与えることができます。
　そのため、私たちは特定の事柄の「数字の推移」を表現するときには、折

図12-1 「棒グラフ」と「折れ線グラフ」

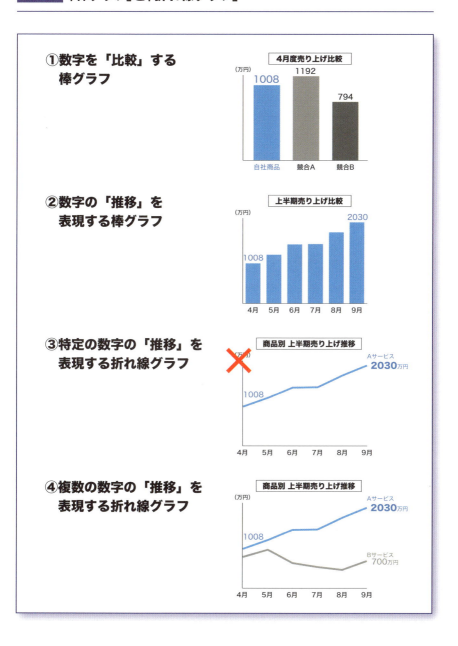

① 数字を「比較」する棒グラフ

② 数字の「推移」を表現する棒グラフ

③ 特定の数字の「推移」を表現する折れ線グラフ

④ 複数の数字の「推移」を表現する折れ線グラフ

れ線グラフではなく棒グラフを使うことをおすすめしています。

❷折れ線グラフ：複数の「数字の推移」を表現する
「折れ線グラフ」が効果的なのは、【図12-1】の④のように、複数の数字の「推移」を表現するときです。④のグラフは、競合商品の売上推移を比較するものですが、このような表現は「棒グラフ」では不可能であり、「折れ線グラフ」にしかできないことです。

❸円グラフ：「構成比率」を表現する
「円グラフ」は、ある事柄の「構成比率」を表現するのに適しています。【図12-2】は、自社商品の世代別購入比率を示したものですが、このように円グラフで「40代が過半数を占める」というデータを決裁者にインプットしたうえで、「40代」向けの販促策を提案すると効果的でしょう。

　もちろん、これら3つのグラフ以外にも、「積み上げ棒グラフ」（Column4

図12-2 **構成比率を表現する「円グラフ」**

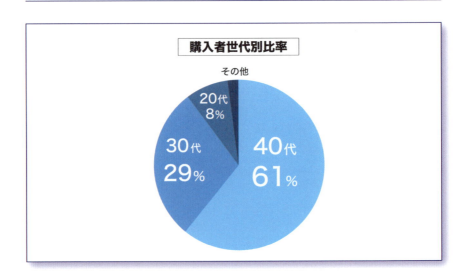

参照）「散布図」「ヒストグラム」「レーダーチャート」などさまざまなものがありますが、それらを使う局面は比較的少ないので、まずはこれら主要な3つのグラフをマスターすることに集中したほうがいいでしょう。

▶ 直観的にわかる「グラフ」に加工する

では、「優れたグラフ・スライド」とはどういうものでしょうか？

ずばり、「考えさせないスライド」です。グラフを読み解くために、相手の頭にかける負担を最小化することが大切です。スライドを見た瞬間に「どの数字を見せたいのか？」がわかり、最長でも10秒以内に「何を表現しているグラフなのか？」を把握できるような、直感に訴えるスライドこそが優れているのです。

ですから、【図12-3】のように、エクセルから立ち上げたグラフを、そのまま本編スライドに貼り付けるのはNGです（アペンディックスに入れる

図12-3 エクセルから立ち上げたグラフを貼り付けるのはNG

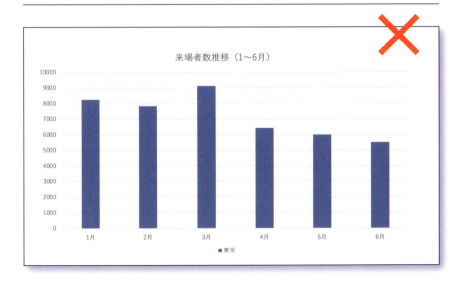

図12-4 シンプルでわかりやすいグラフに加工する

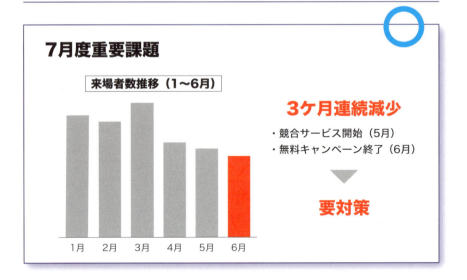

スライドであればOKです)。

【図12-4】は、「棒グラフ」の例ですが、このようにできる限りシンプルなグラフに加工するとともに、伝えたい「メッセージ」を明確に打ち出すことで、直観的に理解できる図解スライドにするようにしてください(そのための詳しいノウハウは、Lesson20〜21で「棒グラフ」「折れ線グラフ」「円グラフ」それぞれについて解説していますので、ご参照ください)。

「表」で意思決定を促す

▶「一覧性」と「比較」という2つの目的

「表」も、ビジネス・プレゼンにおいて不可欠な図解です。

私たちの経験上、「表」で情報を提示することには、主に2つの目的があります。第1に、情報を一覧性のある形にまとめることで、見る人に全体像を把握してもらうという目的。第2に、複数の選択肢を比較して見せることで、意思決定をしやすくするという目的です。

まず、前者から説明しましょう。私たちが、社内プレゼンで頻繁に使うのが、【図13-1】のような、プレゼンが始まった直後に示す、提案内容のサマ

図13-1 プレゼンのサマリを示す「ブリッジ・スライド」

店舗来客数改善提案サマリ	
現状	・店舗来客数減少 1/3 ・満足度低下 90%→60% ・接客接遇が課題
提案・決裁事項	・店長研修の実施（8/1〜5） ・代理店A社研修（30万円）

リ（概要）を表組みにした「ブリッジ・スライド」です。本題に入る前に、このようなサマリを見せておくと、相手は「全体像」を頭に入れた状態で話を聞いてくれますから、理解度が高まることが期待できるわけです。

▶ 見せたい部分を「強調」する

あるいは、プレゼンの最後に、提案内容を一覧で見せる【図13-2】のようなスライドも効果的です。

このように、プレゼンの中で説明してきた提案内容を、決裁者に俯瞰的に確認してもらうことで、「よし、これなら問題ないだろう」と"腹落ち"してもらいやすくなります。

ここで重要なのは、【図13-2】のスライドのように、「20店舗で実施」「目標：満足度90％」「コスト：30万円」という重要ポイントを、フォントを大きくしたり、赤色で目立たせることで注意喚起することです。その上で、

図13-2 提案内容を一覧で見せるスライド

施策概要

目的	店舗の接客接遇改善
スケジュール	8月1日〜8月5日まで
対象	顧客満足度の低い店舗の店長
対象店舗	**20**店舗
研修内容	午前：接客接遇講義 午後：ロールプレイング ※講師は研修部より派遣
効果検証	8月6日以降の顧客満足度結果より改善有無を確認 →改善が見られない場合はペナルティ →改善目標：満足度**90**％
コスト	**30万円** （研修講師派遣費＋会場費）

それぞれの必然性を説明することによって、決裁者はさらに「GOサイン」を出しやすくなるわけです。

▶「選択肢」を提示したほうが"採択率"は上がる

続いて、「表組み」にする第2の目的である「複数の選択肢を比較して見せる」についてご説明しましょう。

この「複数の選択肢」を提示するという手法は、特に社内プレゼンにおいて採択率を上げるために、私たちがおすすめしているものです。なぜなら、人間というものは、選択肢がひとつしかないと、「もっといいモノがあるかもしれない」と考える傾向があるからです（図13-3）。

逆に、複数の選択肢を示すと、そのなかから「よりよいモノを選ぼう」という思考が働きます。その結果、意思決定がポジティブな方向に働くことが多いのです。もちろん、「採択率」を上げるために、本来、比較する必要もないものを持ち出すのは邪道です。しかし、多くの場合、複数の選択肢の

図13-3 「選択肢」があると、人は「選ぼう」とする

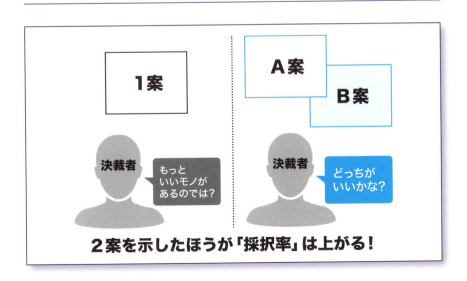

中から、最適なものを提案するという検討プロセスを経ているはずですから、それをストレートに提示すればいいのです。

▶「比較」するときは、「横」に並べる

具体的には、【図13-4】のような「表組み」で選択肢を提示します。

ここでは、来客数が減少している小売チェーンにおいて、「接客接遇研修」を提案しようとしていますが、研修対象者として「顧客満足度の低い20店舗の店長」「全店舗の店長」「スタッフ全員」の3つの選択肢を提示しています。

そして、「来客数減少」という危機を一刻も早く克服するためには、最速で実施可能な「顧客満足度の低い20店舗の店長」を対象とすることを提案（赤枠で強調）。そのことを強く主張するために、「4/1〜4/15」という文字を大きな赤字にすることで、これが「最速で実施可能な選択肢」であることを強調しているわけです。

図13-4 比較するための「表組みスライド」

比較対象は横に並べる！

	A案	B案	C案
対象	顧客満足度の低い店舗の店長	全店舗の店長	スタッフ全員
対象者数	20名	82名	約350名
研修内容 1日目	午前：接客接遇講義 午後：ロールプレイ	午前：接客接遇講義 午後：ロールプレイ	午前：接客接遇講義 午後：ロールプレイ
研修内容 2日目	午前：スタッフ指導法講義 午後：ロールプレイ	午前：スタッフ指導法講義 午後：ロールプレイ	―
スケジュール	4/1〜4/15	4/15〜5/31	5/1〜6/30
コスト	30万円	80万円	200万円

図13-5 「比較項目」を縦に並べるとわかりにくくなる

	対象	対象者数	研修内容	スケジュール	コスト
A案	顧客満足度の低い店舗の店長	20名	初日 午前：接客接遇講義 午後：ロールプレイ 2日目 午前：スタッフ指導法講義 午後：ロールプレイ	4/1〜4/15	30万円
B案	全店舗の店長	82名	初日 午前：接客接遇講義 午後：ロールプレイ 2日目 午前：スタッフ指導法講義 午後：ロールプレイ	4/15〜5/31	80万円
C案	スタッフ全員	約350名	午前：接客接遇講義 午後：ロールプレイ	5/1〜6/30	200万円

比較対象を縦に並べるとわかりにくい！

ここで一点注意していただきたいことがあります。

それは、【図13-4】のように、「比較対象」（A案、B案、C案の3つ）は横に並べたほうがいいということです。

この「表組み」で一番見せたいのは、「スケジュール」の欄です。A案、B案、C案を見比べてもらって、「4/1〜4/15」という最速のスケジュールで実施できるA案が最適ということを伝えたいわけです。

ところが、【図13-5】のように「比較対象」を縦に並んでいると、「スケジュール」を見比べるのが難しく感じるはずです。おそらく、人間は、眼球を縦に動かすよりも、横に動かすほうが容易だからではないかと思うのですが、何かを見比べるときには、「縦に並べる」よりも「横に並べる」ほうが圧倒的にわかりやすいのです。

第2章　「図解の基本」をマスターする

Column 1

スケジュールは「ガントチャート」で表現する

「スケジュール・スライド」は、ガントチャートで表現します。
　ガントチャートとは、時間を横軸に、業務内容などを縦軸に置いて一覧できるようにした図解です。
【Column1-1】のスライドは、「施策概要確定」「施策実施」「効果検証」という業務ステップごとにそれぞれのスケジュールを示すガントチャートで、【Column1-2】は、「新入社員」「2年目〜中堅」「役職定年後」という研修対象者ごとにスケジュールを示すガントチャートとなっています。

　このように、縦軸に置く要素はケースバイケースで変えてOKですが、【Column1-2】をご覧いただければわかるように、縦軸の要素ごとにカラー

Column1-1 業務ステップごとにスケジュールを示す

スケジュール

アクション	時期	1週目	2週目	3週目	4週目	5週目	6週目	7週目	8週目
施策概要確定	○月○日	施策確定							
施策実施	○月○日〜○月○日		準備	準備	実施	実施	実施		
効果検証	○月○日							検証	検証

Column1-2 業務対象者ごとにスケジュールを示す

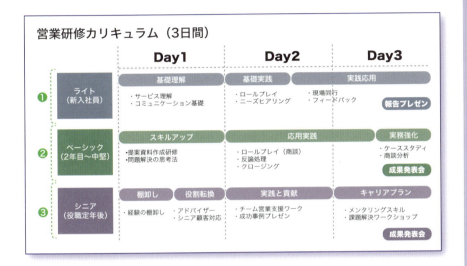

を変えて、❶❷❸の中では同系色で強弱をつけるとスッキリと見やすいスライドにすることができます。

　また、こうした「スケジュール・スライド」は、社内や部署内で統一化しておくと非常に便利です。部署ごと、担当者ごとに、スライドのつくり方が異なると、いちいち「読み解く」必要がありますが、全員がフォーマットを統一しておけば、見た瞬間に、迷うことなくスケジュール感を把握することがきるからです。

第3章

図解ノウハウ❶
「なるほど」を生み出す技術

Lesson 14 実は「キーメッセージ」が最も重要

▶ 図解とメッセージは「左右」に置くのがベスト

「図解スライド」で最も重要なのは、「図解」ではない——。

こんなことを書くと、「ふざけているのか？　図解が一番大事に決まってるだろ」と思われるでしょうが、決してふざけているわけではありません。大真面目に、そう考えているのです。

では、何が一番大事なのか？

答えは、「キーメッセージ」です。キーメッセージとは、そのスライドにおいて、最も相手（決裁者）の目に訴えたいことであり、相手が意思決定するうえで「決め手」となる重要な情報です。

いや、このキーメッセージを相手に伝えるためにこそ、1枚1枚のスライドはつくられるのであり、「図解」もそれに奉仕する存在だと考える必要があるのです。

▶ 「キーメッセージ」のない図解スライドはわかりにくい

そもそも、キーメッセージがない図解スライドは、読み解くのが極端に難しくなります。

たとえば、【図14-1】の①をご覧ください。「新商品 製造委託先検討」というスライド・タイトルと、青線で囲ってある部分から、「B社に委託したいということかな？」という推測はできますが、その理由は「表」を読み込まなければわかりません。

一方、②のスライドでは、「高性能・短納期のB社優位」というキーメッ

図14-1 キーメッセージのないスライドはわかりにくい

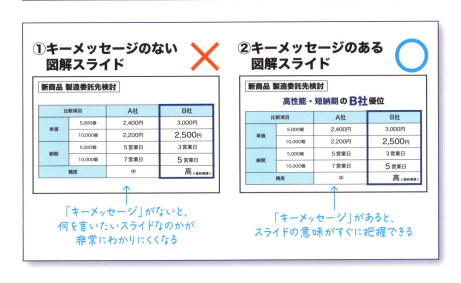

セージがあるので、何が言いたいスライドなのかは一目瞭然です。

　キーメッセージから、「高性能・短納期が重要なポイントである」ことがわかりますから、その問題意識をもって「表」で両社を見比べれば、「なるほど、B社のほうが委託先として適切だ」とすぐに納得できるわけです。

▶「キーメッセージ」によって図解のつくり方が変わる

　もっと重要なのは、どのようなキーメッセージを打ち出すかによって、「図解」のつくり方も変わってくることです。

　例えば、【図14-2】の2枚のスライドは、ともに「採用フロー」を示すものですが、キーメッセージの違いに応じて、「図解」の表現方法を変えています。

　4月入社で中途採用を進めるための、全体のタイムスケジュールを伝えることを目的とする①のスライドでは、ボックスのすべてにカラーを入れるとともに、グラデーションで色の濃度を上げていくことで、採用プロセスが進

図14-2 「キーメッセージ」によって図解表現は変わる

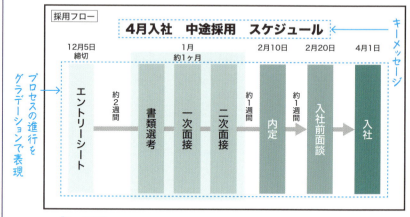

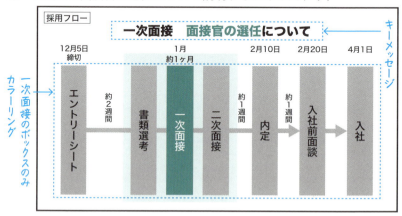

行していくことを表現しています。

　一方、②では、「一次面接　面接官の選任について」というキーメッセージに応じて、「一次面接」のボックスのみカラーリングをして、それ以外のボックスはすべてグレーアウトしています。こうすることで、採用プロセスの中で「一次面接」に関するプレゼンであることが明確になるわけです。

　このように、キーメッセージによって「図解」の表現方法は変わってきます。その意味でも、闇雲にスライドをつくり始めるのではなく、1枚1枚のスライドで伝えるべき「本質」を明確にし、それを端的なキーメッセージに落とし込むプロセスが非常に大切なのです。

▶「13文字」以内で"強い言葉"をつくる

　キーメッセージを考えるときの注意点について触れておきましょう。
　ここで強く意識すべきなのは、キーメッセージは「読ませるもの」ではなく「見せるもの」だということです。
　1字1字読んで、ようやく意味がわかるのではダメ。パッと見た瞬間に、意味がスッと頭に入ってくるようにしなければなりません。決裁者の脳を「意味」を読み取ることに使わせるのではなく、提案内容を吟味することに使ってもらわなければならないのです。

　そのためには、どうすればよいか？
　方法はただひとつ。文字数を減らすことです。
　人間が一度に知覚できる文字数は、少ない人で9文字、多い人で13文字だと言われています。これを超えると、意味をつかみ取るのに「読む努力」が必要になるのです。新聞の大見出しは9文字以内で、「Yahoo!」のニューストピックの見出しはもともと13文字（現在は15.5文字）が上限だったのも、おそらく、これと同じ理由だと思います。だから、キーメッセージは13文字を目指すとよいでしょう。

▶ キーメッセージで「すべてを説明」しない

とはいえ、13文字以内という制限は、実際に書いてみるとなかなかハードルが高いものです。そこで、キーメッセージを13文字以内にするコツをいくつかご紹介したいと思います。

まず、伝えるべき最重要ポイント以外の要素をすべてカットしていきます。「〜のための」「〜による」「〜について」といった平仮名や、「〜を」などの助詞も省けるものが多いので、日本語としておかしくなければできるだけ取るようにしてください。

〈例文①〉
【before】売上未達を改善するための戦略提案について（20文字）
【after】　売上未達改善の戦略提案（11文字）

また、付随的な要素もすべてカットします。

〈例文②〉
【before】今月も加入者は12,013,249件の増加が見込まれる（25文字）
【after】　加入者約1200万件増見込（13文字）

この例文のように、主語述語のある文章にする必要はありませんし、「今月も」など付随的な要素もカットしても意味は通じます。場合によっては、口頭で補足すればいいのですから、キーメッセージで「すべてを説明する必要」はないのです。そして、文末は体言止めにするとよいでしょう。

ただし、「加入者大幅増」とすれば字数は減らせますが、数字は必ず残すようにしてください。数字は一目で理解できますし、何よりインパクトと説得力がありますから、重要な数字は必ずキーメッセージに残しましょう。

▶ フォントは「これ」に決める

　キーメッセージに使用するフォントは「目に入りやすく」「誰でも読める」ものでなければなりません。おすすめは、ずばりこの3つです。

〈キーメッセージに最適のフォント〉
- PowerPoint：HGP 創英角ゴシック UB
- Keynote：ヒラギノ角ゴ StdN/ ヒラギノ角ゴ ProN（ボールド）
- PowerPoint ＋ Keynote：メイリオ（ボールド）

　これまで、さまざまなフォントを試してきましたが、パワポでは「HGP創英角ゴシック UB」、キーノートでは「ヒラギノ角ゴ StdN」が、行間も文字間隔も詰まり過ぎず空き過ぎず、キーメッセージとして使用するにはちょうどいいバランスです。

　また、最近ではパワポとキーノートを併用する企業も増えてきたので、双方のソフトで互換性がある「メイリオ」を使うのもおすすめです。

　なお、キーメッセージ以外のテキスト（図解内のテキストも含む）で使いやすいフォントは、この3つです。

〈キーメッセージ以外に最適のフォント〉
- PowerPoint：MSP ゴシック
- Keynote：ヒラギノ角ゴ ProN
- PowerPoint ＋ Keynote：メイリオ

　これらのフォントは、キーメッセージとの差異が明確で、かつ読みやすいので、非常に使い勝手がいいと思います。

　ただし、キーメッセージを相手の心に響かせるために本質的に重要なのは、文字を目立たせることではなく、キーメッセージに「命」が宿るように言葉を磨き上げることだということは忘れないでください。

Lesson 15 図解は「左」、キーメッセージは「右」

▶ 理解しやすいスライドの「秘密」

　Lesson14で説明したように、「図解スライド」をつくるうえで、実は最も重要なのはキーメッセージ（このスライドで最も伝えたい「本質」）です。このキーメッセージを明確にすることによって、初めて「伝わる図解」をつくることができるのです。

　では、1枚のスライドに、「図解」と「メッセージ」をどのように配置すればいいのでしょうか？　私たちがおすすめしているのは、【図15-1】のように、「図解＝左、キーメッセージ＝右」に配置することです。

図15-1 図解は「左」、メッセージは「右」

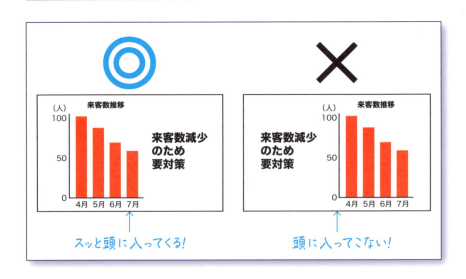

というのは、人間の脳は、右脳は「図解」「画像」などのビジュアル、左脳は「文字情報」などの論理を理解することに特化しているからです。そして、視界の左側から入る情報は右脳へ、視界の右側から入る情報は左脳へとつながっています。

　だから、「図解」を左に配置することで、ビジュアル処理が得意な右脳に届き、キーメッセージを右に配置することで、文字情報の処理が得意な左脳に届くことによって、脳は両者を瞬時に把握できるのです。

　これは、実際に見比べてみると実感できます。【図15-1】の2つのスライドのどちらが頭にスッと入ってきますか？ 図解を「左」、キーメッセージを「右」に配置したパターンであるはずです。

▶「上下」に置く場合は、キーメッセージが上

　ただし、「図解＝左、キーメッセージ＝右」の配置ができないケースも多く存在します。たとえば、【図15-2】のような「マトリックス型」や「表」

図15-2 「図解」の左右幅を無理やり縮める必要はない

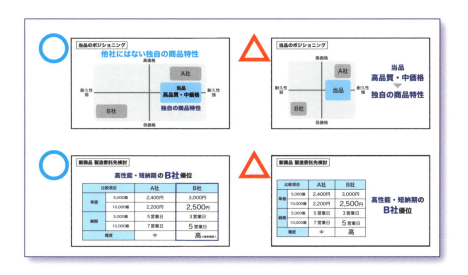

は、その典型です。

ご覧の通り、「左右」に配置するために、マトリックスや表の左右幅を無理やり縮小すると、どうしても図解の視認性はガクンと低下します。これがNGとまでは言えませんが、「わかりやすさ」という観点からは、決して望ましいスライドではないと思います。

ですから、このような場合は、「図解＝下、キーメッセージ＝上」に配置することを基本にしてください。

【図15-3】をご覧いただければわかる通り、キーメッセージを「下」に置くと、スライドの中で埋もれてしまって、「何を伝えたいスライドなのか？」がわかりにくくなってしまうからです。

スライドにおいて最も重要なのは「キーメッセージ」であり、「キーメッセージ」でスライドの趣旨を把握するからこそ、「図解」をスムーズに読み解くことができます。だから、「キーメッセージ」を上に置いた方が、「わかりやすいスライド」になるのです。

図15-3 キーメッセージを「上」に置く

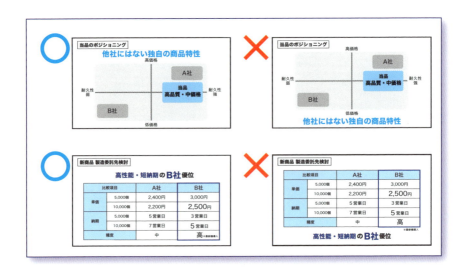

なお、【図15-4】の①のように、キーワードを目立たせるために、「下線」や「囲み」をする人を見かけますが、スライドがゴチャゴチャするだけで、ほとんど効果がありません。

それよりも、②のスライドのように、重要ワードのフォントを大きくしたり、カラーリングしたほうがスマートに目立たせることができます。また、表のB社の部分を青い罫線で囲めば、キーメッセージの「B社に委託したい」という意図を明確に表現することができるでしょう。

キーメッセージに限らず、文字や文章に「下線」を引いたり、「罫線」で囲ったりするのはやめたほうがいいと思います。

▶「画像」も左に置くのが基本

さて、「図解＝左、キーメッセージ＝右」と書きましたが、これは「画像」にも当てはまります。

【図15-5】の2枚のスライドを見比べればわかるように、「ボックス型」の

図15-4 プレゼン資料に「下線」は使わない

①「下線」や「囲み」を使ったNGスライド	②見せたい部分をスマートに「強調」したスライド
新商品 製造委託先検討 **高性能・短納期のB社優位** 	比較項目		A社	B社
---	---	---	---
単価	5,000個	<u>2,400円</u>	3,000円
	10,000個	<u>2,200円</u>	2,500円
納期	5,000個	5営業日	<u>3営業日</u>
	10,000個	7営業日	<u>5営業日</u>
精度		中	高 ※最新機導入 | 「キーメッセージ」を目立たせるために、「下線」を引いたり、重要ワードを線で囲ったりしても、スライドがゴチャゴチャするだけで効果はほとんどない。	新商品 製造委託先検討 **高性能・短納期のB社優位** | 比較項目		A社	B社
---	---	---	---
単価	5,000個	2,400円	3,000円
	10,000個	2,200円	**2,500円**
納期	5,000個	5営業日	3営業日
	10,000個	7営業日	**5営業日**
精度		中	高 ※最新機導入	 「下線」はやめて、重要ワードを大きくしたり、カラーリングをした方が効果的。また、表内のB社を線で囲めば、「B社に委託したい」という意図は伝わる。

図15-5 ボックス内で「画像」は左に置く

　図解の中で「画像」を置くケースもありますが、この場合も、「ボックス」の中で「画像＝左、テキスト＝右」に置くことを基本にしてください。

　もちろん、【図15-5】の③のように、「人物が左向き」である場合など、画像の絵柄によっては、画像を「右」に置いたほうがしっくりくる場合もありますので、それは適宜ご判断いただくほかありませんが、基本的には、「画像も左に置く」と考えておいていただいて間違いありません。

　また、【図15-6】の①ように、スペースの関係で、ボックスの中で「画像」と「キーメッセージ」を上下に置く場合もありますが、その場合には、基本的には「キーメッセージ」を上に置くようにしてください。

　ただし、【図15-6】の②のように、補足情報を入れる場合には、「キーメッセージ」は画像の上、「補足情報」は画像の下に入れるのが適切です。

　さらに、【図15-6】の②の赤の点線のように、「キーメッセージ」を補足する「サブメッセージ」を置きたい場合には、スライドの最下部に配置する

図 15-6 「補足情報」は図解の下に置く

緑の点線のように、ボックス内の「補足情報」は画像の下に置く。
赤の点線のように、キーメッセージを補強するテキストは、
スライドの最下部に置くと理解しやすい。

のが適切です（これは、画像のみならず、「マトリックス型」「表型」などの図解でも同様）。

　このように図解とメッセージ（テキスト）を配置すれば、見る人は上から下へと視線を自然に動かすことで、スライドが伝えたい「ロジック」をスムーズに理解してくれるはずです。

Lesson 16 「13文字」「40文字」「105文字」の原則

▶「13文字＋40文字」という組み合わせもOK

「キーメッセージ」は13文字以内でまとめる――。

私たちは、それを基本にすることで、なるべく文字量が少なく、最速で理解できる「図解スライド」をつくることをおすすめしています。

しかし、現実的には、どうしてもそれではうまくいかないこともあります。むしろ、無理矢理「13文字」以内にしたがために、意味不明なスライドになるのでは本末転倒です。

そこで、そのような場合には、【図16-1】のように、メインのキーメッセージは「13文字」以内でまとめて、より詳しい情報は「40文字」以内の箇

図16-1 「13文字＋40文字」という組み合わせ

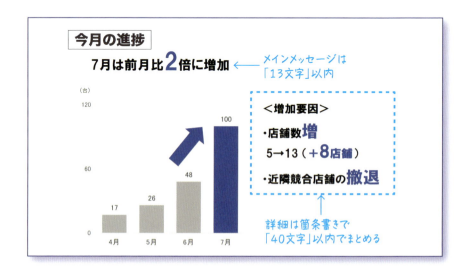

条書きで表現することをおすすめします。

「40文字」であれば、だいたい10秒程度で意味を理解することができますから、プレゼン相手にもそれほどの負担をかけることにはなりません。ワードのA4サイズのデフォルト設定が「1行40文字」になっているのも、そうした配慮があるからだと考えられます。

しかし、ずらずらと「40文字」を並べると理解しにくくなるので、なるべく箇条書きにしたほうがよいでしょう。

▶ 1枚のスライドで「105文字」を上限とする

とはいえ、「40文字」でもどうしても表現できないケースもあります。

たとえば、【図16-2】のようなスライドは、社内プレゼンではしばしば見られるものだと思いますが、これではプレゼン相手は「文章を読み始めて」しまいます。その間、こちらのトークには耳を傾けてくれないだけではなく、おそらく読んでいる途中で「読み解く」のが面倒くさくなってしまうに違い

図16-2 文字量の多いNGスライド

285文字

背景
御社の人材育成にあたり、昨今のテクノロジーの進展に伴ってITC人材の育成が重要との見解を頂きましたので、具体的な研修プログラムのご提案をさせていただきます。

目的
リモートワークが日常化して在宅の期間が増加してきたため、出社しなくても対応ができるように交通費の処理業務をRPAを使用したものへと移行している中、社内人材のRPAの理解を深める教育プログラムをご提案させていただきます。

提案
2022年度上期予算にて、各部署より経理担当者1名を教育することを前提として、4月に実施することをご提案します。

効果
2022年度第二四半期にはRPAの活用により経費処理業務の70%工数削減を実現できるように致します。

ありません。

このような場合には、私たちは1枚のスライドで「105文字」を上限にするように調整することをおすすめしています。

これは、コンサルタントとして著名な越川慎司さんに教えていただいたことです。越川さんは、優秀な経営者の方々が「10秒で意思決定ができたプレゼン・スライド」を大量に入手し、それをAIに分析させたところ、「1枚のスライドの文字量が105文字を超えない」ことが要因のひとつであることを発見されたのです。

▶ 論理・因果は「▼」で表現する

実際、【図16-2】のスライドは285文字ですが、これを、【図16-3】のように105文字に調整すると、たしかに読み解くのが苦ではありません。ですから、私たちは、文字量が多くなるスライドについては、なるべく「1枚

図16-3 **105文字で整理したスライド**

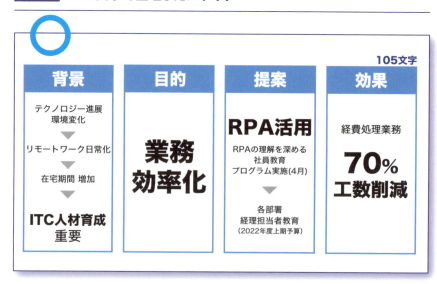

のスライドで 105 文字」にするように心がけているのです。

　Lesson14 でもお伝えしたように、文字量を減らすためには、「体言止め」にするなど、不要な要素をすべてカットしていくわけですが、ここではもう一つ、論理・因果のつながりを「▶」で表現するという工夫をしています。
　たとえば、「リモートワークが日常化して在宅の期間が増加してきた」という部分は、「リモートワーク　日常化▶在宅期間　増加」と表現することで文字量を減らすことができます。このような手法を駆使して、「105 文字」へと近づけていくのです。

　なお、【図 16-3】のスライドをいきなり見せると、相手は文字情報をざーっと読んでしまうので、"ネタバレ"した状態でトークをすることになってしまいます。それを避けるためには、【図 16-4】のようにアニメーションで、トークに合わせて順番に見せていくといいでしょう。

▶ 文字量が多いときは「ボックス化」で整理する

　もちろん、単に文字量を「105 文字」にするだけで、わかりやすいスライドになるわけではありません。
【図 16-3】で重要なのは、「ボックス化」したことです。このスライドでは「背景」「目的」「提案」「効果」という４つの項目が立てられていますが、それぞれをボックス化するとともに、「重要な言葉」「印象づけた言葉」を大きくて太いフォントにすることで、多少文字量が多くても、わかりやすい印象になるようなデザインを施しているのです。

　そして、ボックス内はなるべく「40 文字」以内にすることを目指します。そうすることによって、ボックス内の文字の視認性を確保したうえで、スライド全体の文字量が「105 文字」にできればベストという考え方です。

図16-4 アニメーションで"ネタバレ"を避ける

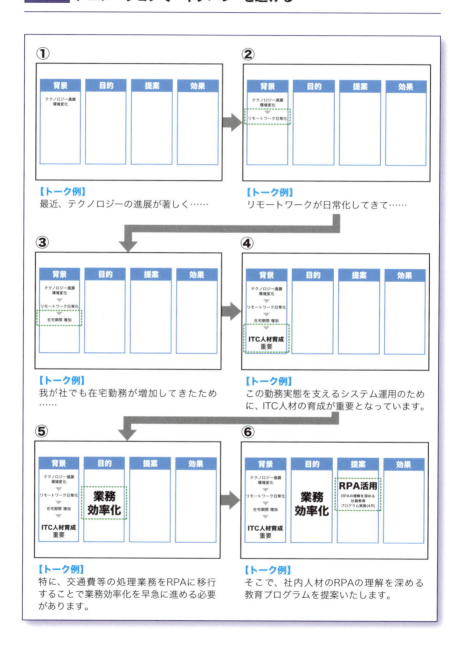

もちろん、ご説明してきた「13文字」「40文字」「105文字」という数字はすべて目標値ですから、ケースバイケースで増減があるのは当然のことだと思います。

　また、「文章でしっかりと書き込んだプレゼン資料でなければ認められない」という企業文化の会社もありますから、そのような場合には、その企業文化に合わせたスライドをつくる必要があります。そのあたりは、状況に応じて適宜ご判断ください。

Lesson 17 わかりやすいスライドの「色」の法則

▶ 1枚のスライドで「3色まで」が基本

「図解スライド」において、カラーをいかに使うかは大切なポイントです。【図17-1】の①のように黒一色にするよりも、②のように「強調したい部分」のフォントを太くしたうえで、カラーリングをするほうが、「何が言いたい図解」なのかが明らかに伝わりやすくなります。

ただし、この効果を最大化するためには、あまりにも多くの色数を使わないことが大切です。色数が多いと、逆に「何を伝えたいのか」がわかりにくくなるうえに、目がチカチカして"見る気"が失せてしまうからです。

図17-1 カラーを使うことで「図解」はわかりやすくなる

ですから、スライドの色数は絞って、「ここがポイント！」という部分だけをカラーにするのが基本です。もちろん、色数を増やさざるをえないスライドもありますが、そのような場合でも、できるだけ3色を上限にするようにしてください。

▶ 色数を増やすときには「同系色」を使う

　とはいえ、3色だけでは表現しきれないこともあります。
　たとえば、【図17-2】のようなケースです。新入社員研修などで業務上必須のソフトについて説明する場合、それぞれのソフトを象徴するカラーを使うと効果的ですが、このような場合には、ご覧のように、「赤」「緑」「青」の3色とそれぞれの同系色を使うことで、合計6色でありながらスッキリと視認性の高いスライドにすることができます。

　なお、補色はなるべく使わないほうがよいでしょう。

図17-2 3色以上のスライドは「同系色」を使う

```
社内使用ソフト

      マスター必須！Officeツール

   Word            Excel          PowerPoint
   文書作成          表計算          プレゼンテーション

・簡単なテキスト入力  ・計算式で自動処理    ・直感的なスライド作成
・図や表を自由に配置  ・データの可視化     ・視覚効果で魅せる表現
・充実した校正機能   ・並べ替え/フィルター  ・発表サポート機能
```

補色とは、「黄色 - 青紫」「緑 - 赤紫」「赤 - 青緑」など、コントラストの強い配色のことで、補色を使うことで、双方の色を目立たせる効果があるとされています。

　しかし、色の組み合わせによっては、ハレーションが起こったり、目がチカチカして見づらくなることがありますので、プレゼン資料ではなるべく使用を避けたほうが無難です。信号などのように、注意喚起をするために補色を使うのは極めて有効ですが、プレゼン資料にはあまりそぐわないと私たちは考えています。

▶「青」と「赤」を使い分ける

　カラーを使うことには、もうひとつ意味があります。
「売上増」「経費削減」などポジティブなメッセージは「青」、「売上減」「経費増」などネガティブなメッセージは「赤」に統一することで、わかりやすいプレゼンにすることができるのです（図17-3）。

　なぜなら、スライドを見た瞬間に、決裁者に「いい情報なのか？」「悪い情報なのか？」を知らせることができるからです。要するに、「話がはやい」のです。

〈カラーの法則〉
●ポジティブ・メッセージは「青」
●ネガティブ・メッセージは「赤」

　世界中の信号が「青＝進め」「赤＝止まれ」で統一されているように、「青」は「良好、順調、安全」のシグナルであり、「赤」は「不良、不安、危険」のシグナルとして使われています。

　そのため、このルールに従ってスライドをつくれば、見る人は無意識的に「このスライドはポジティブなメッセージを伝えようとしている」「このスライドはネガティブなメッセージを伝えようとしている」と感じるので、より早くスライドの意図を読み取ってくれるのです。

図17-3 ポジティブ・メッセージは「青」、ネガティブ・メッセージは「赤」

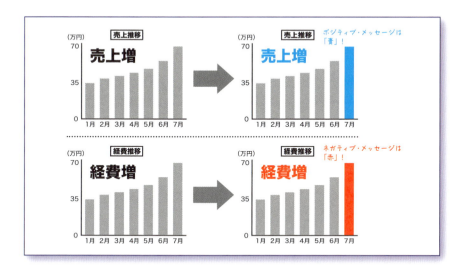

　ただし、自国のカントリーカラーが「赤」であるなど、「赤」がポジティブと認識している国や、自社のコーポレート・カラーが「赤」の場合などは、この限りではありません。プレゼンする相手の国や企業にあわせて、カラーリングは適宜調整することが大切です。

　もう一点、【図17-3】にはテクニックが盛り込まれています。
　それは、「ワンカラー効果」です。ご覧の通り、【図17-3】のグラフでは、「青」や「赤」で強調している棒グラフ以外は、すべてグレーアウトしています。こうすることによって、「青」や「赤」のワンカラーをさらに強調する効果を生み出しているわけです。
　これは、インパクトのある「図解スライド」をつくるのに、非常に効果的な手法ですので、ぜひマスターしてください。

▶「コーポレート・カラー」を使う

　最後に、対象となる企業・部署・商品などに固有の「カラー」を使用することについて触れておきましょう。
【図17-2】のスライドでお見せしたように、「パワーポイント＝赤」「エクセル＝緑」「ワード＝青」という、商品に固有の「カラー」を使うと理解しやすい図解スライドにすることができますが、この効果を常に意識するようにしてください。

　その典型が、「コーポレート・カラー」です。
【図17-4】をご覧ください。これは、3社の比較を行うプレゼン資料の一部を取り出したものです。
　ご覧のように、「A社＝グレー」「B社＝オレンジ」「C社＝赤」というコーポレート・カラーだとしたら、それを全てのスライドで統一的に使用することで、いちいち文字情報で「A社かB社かC社か」を見分けるまでもな

図17-4 「コーポレート・カラー」でわかりやすくしたスライド

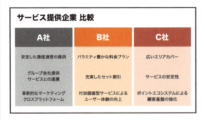
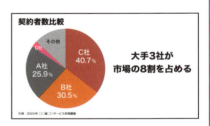

プレゼン資料を通して、
コーポレート・カラーを統一すると、
理解しやすくなる！

く、カラーリングで一瞬で識別できるようになります。このような工夫を積み重ねることで、相手が瞬時に理解できる「図解スライド」をつくることができるようになるのです。

▶「カラーパレット」を設定する

　これは、さまざまなものに応用可能です。
　たとえば、企業によっては、部署ごとにカラーを決めており、オフィスのレイアウトから各種資料まで、そのカラーで統一することで視認性を高めているところもあります。
　あるいは、競合商品との比較をする機会が多い職種の場合には、会社単位・部署単位で、競合商品ごとにカラーを決めて、それで各種資料を統一しているところもあります。

　そのような場合には、使用しているプレゼン・ソフトの「カラーパレット」で、よく使用するカラーを設定しておくと便利です。パワーポイントでの「カラーパレット」の設定方法は、【図17-5】の通りです。
　非常に使い勝手のよい機能ですので、ぜひ、皆さんがよく使う「色」を設定して、ご活用いただきたいと願っています。

　なお、コーポレート・カラーなどは、色指定のガイドラインがある場合が多いので、カラーパレットで正確な値を入力するか、「スポイト機能」を使って、コーポレート・カラーをそのままコピーして活用するとよいでしょう。

図17-5 パワーポイントの「カラーパレット」の設定の仕方

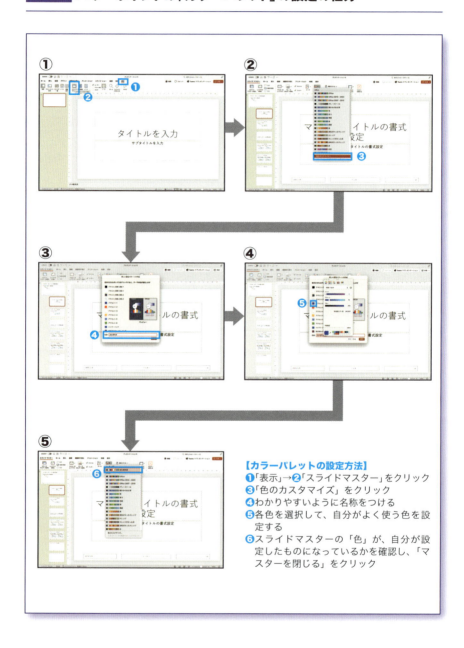

【カラーパレットの設定方法】
❶「表示」→❷「スライドマスター」をクリック
❸「色のカスタマイズ」をクリック
❹わかりやすいように名称をつける
❺各色を選択して、自分がよく使う色を設定する
❻スライドマスターの「色」が、自分が設定したものになっているかを確認し、「マスターを閉じる」をクリック

Lesson 18 スライドのわかりやすさは「余白」で決まる

▶「余白」がないと極端に見づらくなる

「図解スライド」をつくるために、忘れてはならないのが「余白」です。

これは、「わかりやすいスライド」「見やすいスライド」にするために、最も重要なポイントと言っても過言ではない重要なポイントです。

前田鎌利の本職は「書家」なのですが、書をしたためるときに意識しているのは、実は「余白」です。「どういう余白をつくると美しいか」「どういう余白をつくると表現したいことが伝わるか」という意識で、筆を進めていくわけです。

このことは、「人間の視覚」に訴えるという意味で、プレゼン資料でも全く同じことが言えます。適切な「余白」を確保しないと、それだけで「わかりにくいスライド」「見たくないスライド」になってしまうのです。

たとえば、これはかなり極端な例ですが、【図18-1】の①をご覧ください。

スライドの中に情報がギューギュー詰めになっているため、文字量そのものはそれほど多くはないのに、見た瞬間に「うっ、面倒くさい！」と感じるものになってしまっています。

その最大の原因は、「余白」がないことにあります。【図18-1】の②のように、❶スライドの4つの辺から適度な余白をとる、❷ボックスの間にも適度な余白をとり、かつ等間隔にする、❸ボックスの4辺と文字の間にも適度な余白をとる、❹行間にも適度な余白をとる、という調整をすると、それだけで一気に「わかりやすい！」と思われるスライドに変わるのです。

図18-1 「余白」がないと極端に見にくいスライドになる

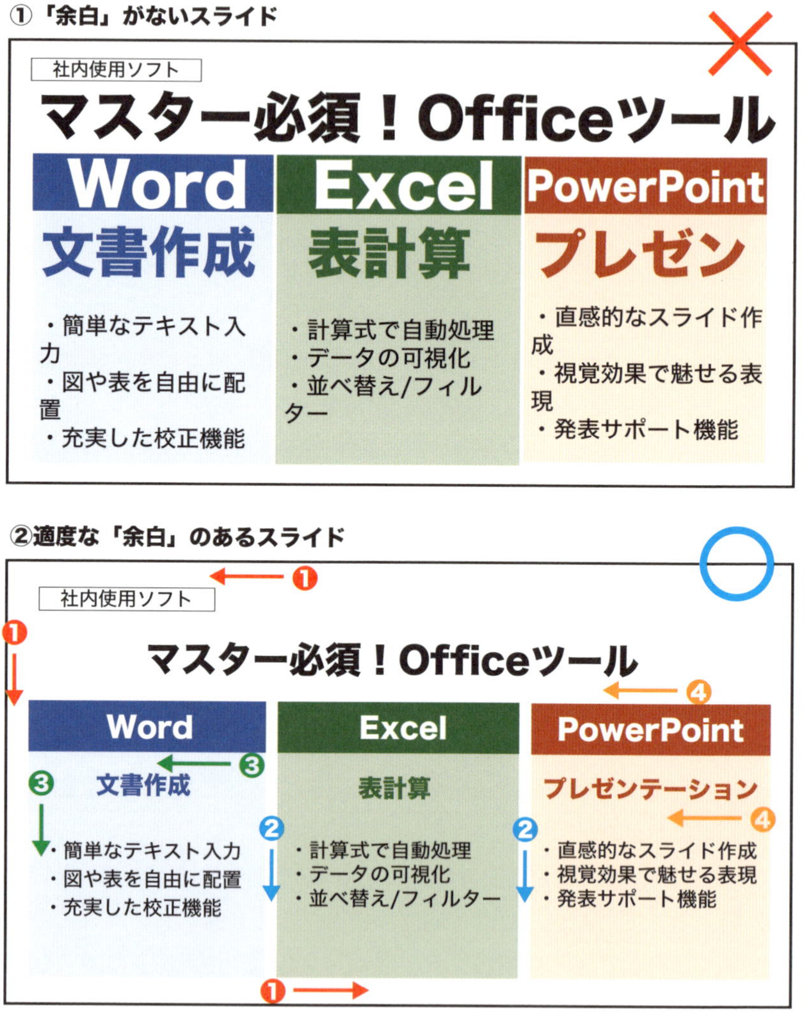

① 「余白」がないスライド

社内使用ソフト

マスター必須！Officeツール

Word 文書作成
- 簡単なテキスト入力
- 図や表を自由に配置
- 充実した校正機能

Excel 表計算
- 計算式で自動処理
- データの可視化
- 並べ替え/フィルター

PowerPoint プレゼン
- 直感的なスライド作成
- 視覚効果で魅せる表現
- 発表サポート機能

②適度な「余白」のあるスライド

社内使用ソフト ❶

マスター必須！Officeツール

Word ❸ 文書作成
- 簡単なテキスト入力
- 図や表を自由に配置
- 充実した校正機能

Excel 表計算
- 計算式で自動処理
- データの可視化
- 並べ替え/フィルター

PowerPoint ❹ プレゼンテーション
- 直感的なスライド作成
- 視覚効果で魅せる表現
- 発表サポート機能

❶スライドの4つの辺から適度な余白をとる
❷ボックスの間にも適度な余白をとり、かつ等間隔にする
❸ボックスの4辺と文字の間にも適度な余白をとる
❹行間にも適度な余白をとる

▶「白抜き文字」はキーワードのみ

　また、ボックス内の文字の視認性を高めるために、「白抜き文字」は目立つキーワードのみにすることをおすすめします。

　【図18-2】をご覧いただければ、一目瞭然だと思いますが、①のように箇条書きの部分まで「白抜き文字」にしてしまうと、非常に読みづらい図解になってしまいます。

　ですから、「Word」「Excel」「PowerPoint」というキーワード部分のみ、濃度100%のカラーリングをしたうえで「白抜き文字」を使用することで目立たせるようにして、箇条書きの部分については、【図18-2】の②か③のように「黒文字」で見せた方がいいでしょう。このような形で、図解にメリハリをつけることも重要なポイントなのです。

　なお、ボックスをつくる際には、【図18-3】の①のように、「色」を塗った上で「線」で囲むと、スライドがビジーになるので、「②色を塗る」か、

図18-2 「白抜き文字」はキーワードのみ

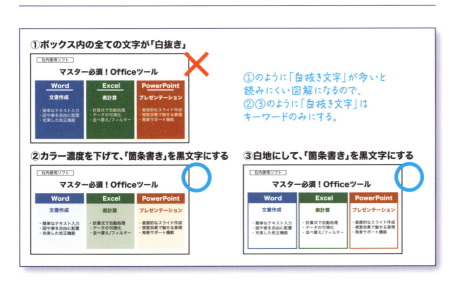

図 18-3 「色を塗る」か「線で囲む」かの2択

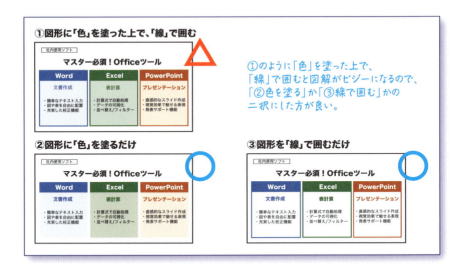

「③線で囲む」のどちらかを選んだほうがよいでしょう。細かな違いのように思われるかもしれませんが、「図解スライド」は複雑なものになりがちですので、不要な要素・情報は極力なくしていくことを意識しておくことをおすすめします。

▶ フォントサイズは「図形エリアの40〜70%」に収める

最後に、図形エリアにおけるテキストのフォントサイズについても触れておきましょう。スライドの「余白」を適度に保つためには、フォントサイズにも注意を払う必要があるためです。

言うまでもなく、図形内において目立たせたいワードについては、なるべくフォントサイズを上げたほうがいいのですが、それも度が過ぎると「余白」がなくなり、見づらいスライドになってしまいます。

【図18-4】の①をご覧ください。

図18-4 図形エリアの「余白」を意識してフォントサイズを選ぶ

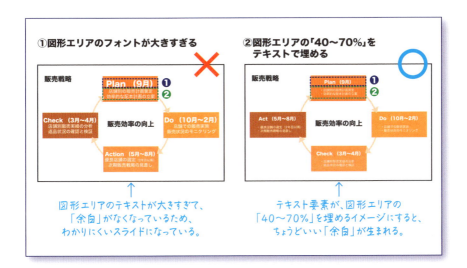

　図形エリアの中で、❶を大きく見せて、補足情報である❷は小さく見せようとしていますが、フォントが大きすぎて、図形エリアにギッチリ詰まっており、「余白」がほとんどなくなってしまっています。しかも、❶と❷のフォントにメリハリがきいていないうえに、❷の行頭が詰まりすぎているのもよくありません。

　そこで、私たちは、図形エリアの中で、テキスト要素が「40〜70%」くらいを占めるくらいの大きさのフォントを使うことをおすすめしています。【図18-4】の②のスライドは、そのイメージで調整したものです。ここでは、❶の目立たせたいテキストで、図形エリアの30〜40%くらいを埋め、❷のテキスト部分で、残りのスペースの40%を埋めるイメージで調整しました（双方合わせて、図形エリアの「40〜70%」に収まるイメージです）。

　そして、行頭のスペースも適度に空けるなど、ほどよく「余白」を取ったのですが、見比べていただければ、フォントサイズは②のスライドのほうが小さいですが、①のスライドよりも、こちらのほうがわかりやすいスライド

になっているのではないでしょうか。

　もちろん、図解の種類や大きさ、テキストの多さなどによって、フォントサイズは異なってきますから、一概に「これがいい」とレコメンドすることはできないのですが、目安として「図形エリアの 40 〜 70％に収める」ということを意識していただければ、ゴチャゴチャした図解をつくることは避けられると思います。

Lesson 19 図解スライドは「揃える」を意識する

▶「位置」「長さ」「フォント」などを揃える

　位置、長さ、フォントなどをなるべく揃える――。
　これも、わかりやすい「図解スライド」をつくる上で非常に重要なポイントです。

　【図19-1】の①と②を見比べてください。
　明らかに、②の方がスッと目と頭に入ってくるのではないでしょうか？ その理由は明確で、①のスライドは、ボックスの辺の長さがバラバラ（ボックスの面積がバラバラ）、棒線の長さもバラバラ、フォントもバラバラ、テキストの位置もズレているなど、秩序が欠如しているからです。
　いわば、散らかった部屋のようなものです。そういう空間では、人間は「どこに何があるのか？」を認識するのが困難になり、思考も乱れがちになります。それと同じようなもので、1枚のスライドで位置、長さ、フォントなどが揃ってないと、それだけで「わかりにくいスライド」になってしまうのです。
　ですから、②のスライドのように、位置、長さ、フォントなどを揃えることによって、秩序や統一感を生み出すことは、「図解スライド」をつくるうえで、非常に大切なことなのです。

▶ 複数の「図形」をなるべく併用しない

　それと同じ理由で、1枚のスライドにおいて、なるべく複数の図形を用いないようにしたほうがいいでしょう。
　【図19-2】の①のスライドでは「長方形のボックス」と「楕円形のボッ

図19-1 「位置」「長さ」「フォント」などを揃える

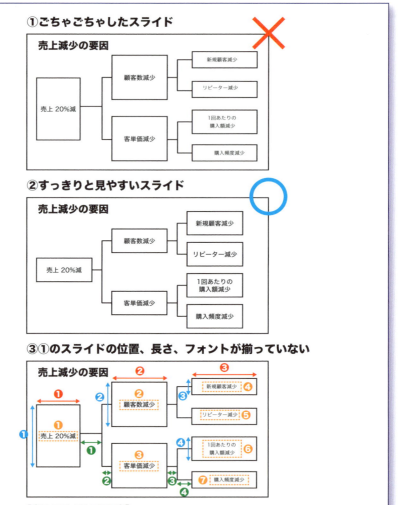

クス」が併用されていますが、両者を使い分ける「意味」が明確ではなく、単にスライドを複雑にしているだけの結果に終わっています。

　もちろん、複数の図形を使い分ける明確な「意味」がある場合には、それも許容されるとは思いますが、ビジネス・プレゼン（特に社内プレゼン）は、②のようなシンプルなスライドにしたほうが説得力のあるケースが多いと言えるでしょう。

　特に、「楕円形」は見栄えが悪いうえに、文字情報を上に乗せるときにもスペース的な制約を受けやすいので、私たちは使わないことをおすすめしています。

▶「吹き出し」「爆弾」は使用しない

　また、「吹き出し」や「爆弾」のような図形も使わないほうがいいでしょう。【図19-3】の①のように、「吹き出し」を使うと、デザイン的にも"安っぽい"感じになりますし、スライドがビジーになるだけであまり効果的で

図19-2 なるべく複数の「図形」を併用しない

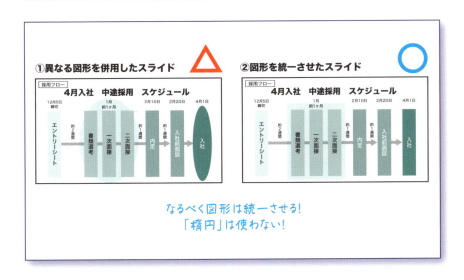

図19-3 「吹き出し」を使うとビジーになる

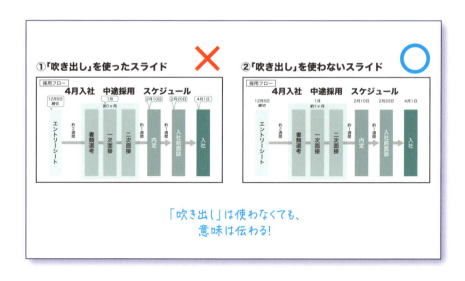

もありません。

しかも、ご覧のように、「吹き出し」の突き出た部分の状態がバラバラになったりもしがちですから、なおさらスライドの統一感を損ねるリスクが高まるとも言えます。

だから、私たちは「吹き出し」は一切使用しません。②のスライドをご覧いただければわかる通り、ボックスのすぐそばに「12月15日締切」「1月」などと表記するだけでも、十分に「意味」は伝わります。余計な装飾を施す必要はないのです。

「爆弾」も不要です。
「爆弾」を使うと、【図19-4】の①のように、さらに"安っぽく"なりますから、私たちは絶対に使わないようにしています。

確かに、爆弾を使うことで、「強調」する効果を得ることはできるのですが、同様の効果は、②のように「ワンカラー効果」を活用することなどで、

図19-4 「爆弾」を使うと"安っぽく"なるだけ

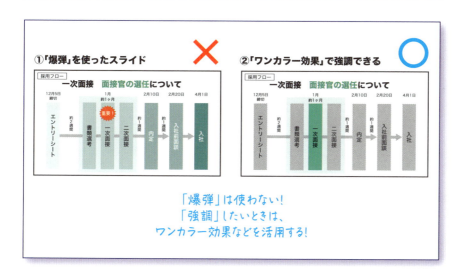

　いくらでも得ることができます。「爆弾」のような目立つ要素を"足す"ことで、スライドをビジーにするのではなく、「ワンカラー効果」のように"色を引く"ことこそ、スマートでわかりやすいスライドをつくるコツなのです。

▶ 「角丸のボックス」を使うときの注意点

　最後に、角丸のボックスを使うときの注意点に触れておきましょう。
　私たちは、ビジネス・プレゼン（特に社内プレゼン）では、角丸のボックスを使わないほうがいいと考えています。なぜなら、【図19-5】の①のスライドのように、角丸の部分の直径がバラバラになったりして、見栄えが悪くなるケースをしばしば見かけるからです。あるいは、角丸の直径を揃えるために、一手間、二手間かけるのが無駄に思えるからです。

　また、角丸のボックスは、四角のボックスよりも、スペースが小さくなる

図19-5 ビジネス・プレゼンでは「角丸のボックス」は使わない

①ごちゃごちゃしたスライド ✕

「大鍋」より「小鍋」が主流へ

| スーパーで「一人前の鍋スープ」が大人気 | 雑貨屋でも「小鍋」が主役 |

「一人前の鍋スープ」出荷数は5年で○%増加　　「小鍋」出荷数は5年で○%増加

→「鍋」の概念が変わるタイミング

②すっきりと見やすいスライド ○

「大鍋」より「小鍋」が主流へ

スーパーで「一人前の鍋スープ」が大人気　　雑貨屋でも「小鍋」が主役

「一人前の鍋スープ」出荷数は5年で○%増加　　「小鍋」出荷数は5年で○%増加

→「鍋」の概念が変わるタイミング

③①のスライドの角丸が揃っていない

【①のスライドの問題点】
❶角丸はスペースが狭くなるため、②のスライドよりフォントが小さい
❶〜❹の全ての丸角の直径が違う

ために、③の赤の点線で囲った部分のように、文字のフォントを小さくせざるを得ないケースが生じるといった問題も生じます。

　もちろん、社外プレゼンなどで、見る人に「柔らかい印象」をもってもらいたいときなど、角丸のボックスを使用するのが適切なケースもありますが、上記のネガティブ・ポイントを勘案すれば、私たちは、あまり積極的に角丸のボックスをおすすめすべきではないと考えています。
　それでも、あえて使用する場合には、角丸の形状を揃えるなど、細部を確認しながら見栄えのよいスライドにするように注意していただきたいと思います。

Column 2

罫線は「0.75〜2p」の太さを基本とする

　表組みの「罫線」は、基本的に、あまり太い罫線は使わないようにしましょう。

　【Column2-1】の①の表では、10pの太い罫線を使用しているのですが、罫線の存在感が強すぎて、一番見せたいチーム名が読みにくくなってしまっています。

　罫線というものはあくまでも、補助的な役割を果たすべき"脇役"的な存在です。②の表のように細い罫線を使用することで、見せたいテキストなどをしっかりと目立たせるようにしてください。

　私たちが推奨するのは、「0.75〜2p」の範囲で罫線の太さを調整することです。このくらいの太さであれば、見せたい要素の邪魔をせず、それでいて、

Column2-1 太い罫線を使うと、見せるべき文字が読みにくくなる

Column2-2 目立たせたい場所だけ「太く」する

2024年度　日本シリーズ出場チーム		
	セ・リーグ	パ・リーグ
1	読売ジャイアンツ	福岡ソフトバンクホークス
2	阪神タイガース	北海道日本ハムファイターズ
3	横浜DeNAベイスターズ	千葉ロッテマリーンズ
4	広島東洋カープ	東北楽天ゴールデンイーグルス
5	東京ヤクルトスワローズ	オリックス・バファローズ
6	中日ドラゴンズ	埼玉西武ライオンズ

目立たせたい部分のみ、太い色罫を使うと効果的！

「エリアを区切る」といった罫線としての役割も果たしてくれるからです。

　しかも、【Column2-2】のように、枠線が「10p」程度のボックスを重ねれば、目立たせたい部分を強く印象づけることができます。
　あるいは、「太い罫線」のほかにも、特定のセルだけ背景色をつけたり、文字を太くするなど、さまざまな方法で「強調」することは可能です。そのためにも、脇役の罫線は控えめにすることを基本としたほうがいいのです。

第4章

図解ノウハウ❷
パワースライドを
つくる

Lesson 20 「10秒」でわかる グラフ・スライドのつくり方

▶「1スライド＝1グラフ」の法則

　Lesson12でお伝えしたように、「優れたグラフ・スライド」とは「考えさせないスライド」です。

　つまり、グラフを読み解くために、相手の脳になるべく負担をかけないようにすることが大切なのです。それよりも、グラフで伝えたい「数字・データ」をスッと理解してもらって、それをもとに意思決定に向けた「思考」を巡らすことに集中してもらうべきです。

　そのためには、見た瞬間に「どの数字を見せたいのか？」がわかり、最長でも10秒以内に「何を言いたいスライドなのか？」を把握できるようにする必要があるのです。

　では、どうすればいいのでしょうか？
　基本的には、「とにかくシンプルにする」ということに尽きるのですが、それだけでは、具体的に何をすればいいかわからないですよね。そこで、ここでは、私たちが絶対に押さえておくべきだと考えている、4つのポイントについて説明してまいります。

【鉄則❶】1スライド＝1グラフ

　1枚のスライドにグラフがいくつも並んでいると、非常に理解しづらくなります。しかも、1つひとつのグラフも小さく表示するほかなく、"見る気"が失せてしまっても仕方がないでしょう。

　ですから、1枚のスライドに1つのグラフだけ表示する「1スライド＝1グラフ」を徹底するようにしてください。

図20-1 「1スライド=1グラフ」の例

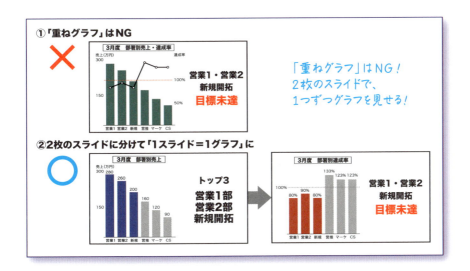

たとえば、【図20-1】の①のスライドをご覧ください。

このように、「売上実績」については棒グラフで、それに重ねるように「目標達成率」を折れ線グラフで表示すると1枚のスライドに収めることができますが、これはNGです。

なぜなら、「売上実績」については左の単位（目盛）で確認して、「目標達成率」については右の単位（目盛）で確認するのは、誰だって面倒くさいはずだからです。

このような場合には、【図20-1】の②のように、2枚のスライドに分けて、「1スライド=1グラフ」にすることによって、ひとつずつ「数字・データ」を理解してもらうようにしたほうが、相手の脳にかける負担を減らすことができるでしょう（定例報告などで決裁者が「重ねグラフ」に慣れている場合は、こうするには及びません）。

【鉄則❷】シンプル・グラフ（余計な数字・罫線・目盛り・凡例はカット）

伝えたいことが端的に伝わるように、グラフは徹底的に編集します。

図20-2 「余計な情報」はすべてカットする

【図20-2】のように余計な「罫線」「目盛り」などが入っている場合は、すべてカットしてできるだけシンプルなグラフにしてください（余計な「数字」「凡例」もカットします）。

▶「グラフの増減」を強調する方法

【鉄則❸】「グラフは左」で増減を強調する

　Lesson15でもお伝えしたように、1枚のスライドにグラフとキーメッセージを入れる場合に、グラフとメッセージを上下に並べるのではなく、なるべく「グラフ＝左、キーメッセージ＝右」になるようにしてください。

　それが最も人間の脳が認知しやすい形状だからですが、それ以外にも重要な効果があります。

　それは、【図20-3】の①ように、「グラフ＝左、キーメッセージ＝右」にすることによって、グラフの増減を強調することができることにあります。

図20-3 グラフの増減を強調する

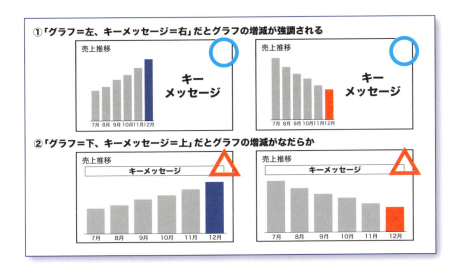

②のように「グラフ＝下、キーメッセージ＝上」すると、グラフの増減がなだらかになってしまうため、スライドを見たときの訴求力が弱くなってしまうのです。

印象操作と言われるかもしれませんが、それには当たりません。なぜなら、グラフの示す数値にはウソ偽りがないからです。伝えたいことをよりよく伝わるようにするためには、むしろ、こうした編集力こそが重要だと考えるべきなのです。

【鉄則❹】キーメッセージを強くする

【図20-3】の①の形式のスライドを、さらにブラッシュアップしたのが、【図20-4】です。

まず、最も見せたいのは右端の「棒」なので、それ以外は「グレーアウト」します。そして、このスライドは「経費・雑費の増加」を伝える「ネガティブ・スライド」なので、使用する色は「赤」です。

また、キーメッセージを「12月150％増」と「要対策」に分割して「▼」

図20-4 キーメッセージを繋ぐ時は「▼」を使う

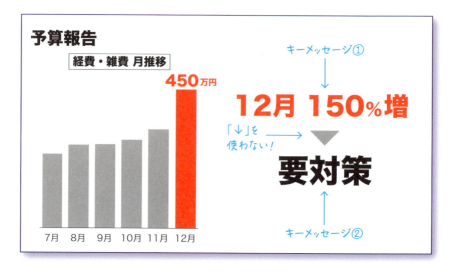

で両者をつなぎます。文字数が減ることでよりインパクトが強くなるうえに、「グラフ」→「キーメッセージ①」→「キーメッセージ②」と視線を誘導するため一瞬で理解できる「型」なのです。

なお、一点ご注意いただきたいことがあります。

それは、このようにキーメッセージをつなぐマークに矢印（↓）を使わないということです。というのは「↓」を使うと、なんとなく「増減」を示しているように見えて、誤解を招くことがあるからです。

だから、こういうときには必ず三角形のマーク（▼）を使用するようにしてください。このマークを使えば、「増減」を示していると誤解されることがないばかりか、「つまり」「なぜなら」「だから」など論理の因果関係を示していることが明確になるからです。また、このマークはグレーを使用してください。青や赤を使うと、ポジティブな印象やネガティブな印象を与えて、ミスリードしてしまうおそれがあるからです。

Lesson 21 「数字」を強調してパワースライドにする

▶「見せたい部分」を大きく目立たせる

「わかりやすいグラフ・スライド」をつくるためには、Lesson20でご説明したように、次の「4つの鉄則」を守る必要があります。

【鉄則❶】 1スライド＝1グラフ
【鉄則❷】 シンプル・グラフ（余計な数字・罫線・目盛り・凡例はカット）
【鉄則❸】 「グラフは左」で増減を強調する
【鉄則❹】 キーメッセージを強くする

そのうえで、さらに工夫をしていただきたいことがあります。
それは、「見せたい部分」「伝えたい核心部分」を、できるだけ大きく目立たせることです。そうすることで、わかりやすいだけではなく、相手の心に響くパワースライドにすることができるのです。

具体的に見ていきましょう。
まず、「棒グラフ」です。【図21-1】をご覧ください。①のスライドで最も伝えたいことは、「チーム売上が月平均15〜20%成長している」ことですが、5ヶ月のグラフを掲載していることから「5ヶ月連続増」というメッセージも重要だと考えられます。
であれば、「4つの鉄則」に従って修正をするだけではなく、その2点を「強調」するようなデザインを施す必要があります。

それが、②のスライドです。
元のスライドでは、すべての棒グラフの上に数値を入れていますが、最後

図21-1 「棒グラフ」をパワー・スライドにする

の棒グラフの数値(最も伝えたい数値)だけ大きいフォントで表示するとともに、「右肩上がりで伸びている」ことを強調するために「太い矢印」を加えました。

さらに、キーメッセージでは、「5ヶ月連続増」「15.3%」とう言葉をひときわ大きなフォントで表示。このように、グラフで伝えたい「数字」を強く打ち出すようにすることを意識してください。「数字」にはインパクトがありますし、説得力もありますから、「数字」を目立たせることでパワースライドにすることができるのです。

▶ 円グラフは「ワンカラー効果」で印象づける

次に、「円グラフ」について説明しましょう。

これも「棒グラフ」と同じく、「4つの鉄則」に従ってシンプルなグラフにしたうえで、「伝えたいこと」を強調するために編集を加えていきます。

【図21-2】の①のスライドをご覧ください。これは、自社商品がシェア

図21-2 「円グラフ」をパワースライドにする

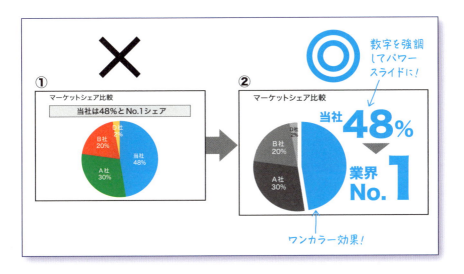

ップであることを示す円グラフですが、パッと見た瞬間にその意図が伝わりませんね？　そこで、②のスライドのように加工します。

　まず、ご注目いただきたいのが円グラフのカラーです。
　自社の部分だけ青で強調し、それ以外の部分はグレーアウトしています。さらに、この部分を円グラフ本体から切り出して、少しズラすデザインを施しています。こうすると、「自社がシェアトップである」ことが一目でわかるからです。

▶「見せたい数字」は円グラフの外に出す

　また、このワンカラーの部分に「当社48%」というテキストを置くのではなく、キーメッセージとして大きく表示しました。
　「48%」の部分を円グラフのワンカラーと同じ青で表示すれば、円グラフとキーメッセージが連動して、自社のシェアが「48%」であることが一目

でわかります。

そして、「48％」の下に「業界No.1」というキーメッセージを置けば、「シェア48％で業界No.1である」ことが一瞬で把握してもらえるという仕掛けです。

▶「見せたい折れ線」を極太にする

最後に、「折れ線グラフ」についてご説明します。

【図21-3】をご覧ください。これは、競合3社の中でA社の店舗数が近年急激にアップしていることを訴えるスライドです。

①はゴチャゴチャしていて、何が言いたいのかわかりにくいですよね。私たちならば、②のように加工します。まず、「4つの鉄則」に従ってシンプルな形にします。「折れ線グラフ」の途中にある数字は不要ですので、最新の数字である「A社197店」「B社110店」「C社95店」を、折れ線の"お尻"に表記すればOK。そして、最も伝えたい「A社197店」という数字を

図21-3 「折れ線グラフ」をパワースライドにする

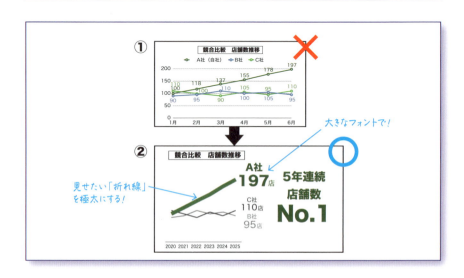

大きく表示するのです。

　このようにグラフをシンプルにしたうえで、見せたい折れ線を「極太」にします。これが非常に重要です。
　なぜなら、このグラフで最も重要なポイントは、「A社の店舗が急激に増えていることを示す」ことだからです。そこで、この折れ線を極太にすることで、見る人にそれを印象づけるわけです。そして、キーメッセージで「5年連続　店舗数No.1」と数字を強調すれば、一瞬で「伝えたいこと」を印象づけることができるはずです。

Column 3

「横棒グラフ」は限定的に使用する

　時折、「横棒グラフ」を使ったスライドを見ることがありますが、私たちは、あまりおすすめしません。

　文字を横書きする文化の欧米では、グラフも「横棒」で表現するのが一般的かもしれませんが、日本人は「縦棒グラフ」に慣れ親しんでいますので、「横棒グラフ」を直観的に把握するのが難しいからです。

　ただし、アンケート結果を示す場合など、いくつかのケースでは「横棒グラフ」のほうが馴染みがある場合があります。

　ただし、【Column3-1】のようなビジーなスライドはNGです。
　アンケートは、対象者から正確な回答を引き出すために、質問項目が長い

Column3-1　「読ませてしまうスライド」はNG

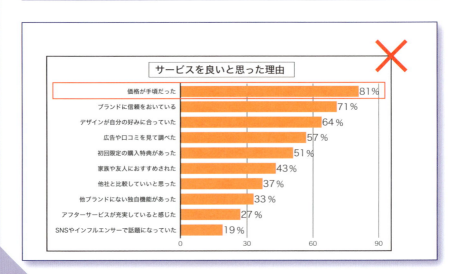

Column3-2 「読ませない」スライド

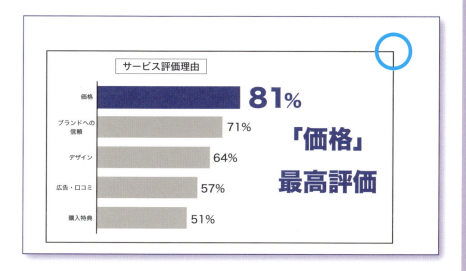

文章になっていることが多いので、それをそのままスライドに反映させると文字量が増えてしまうことが多いのです。

　ですから、【Column3-2】のように、アンケート項目はなるべく単語に置き換えてください。それが難しい場合には、できるだけ短い文章に置き換えるようにするといいでしょう。

　また、すべてのアンケート項目を見せるよりも、下位項目をカットすることで要点だけを伝えるほうが、わかりやすいスライドになります（元データをアペンディックスに入れておけば、細部の質問がされたときにも対応できます）。

　さらに、グラフ本体も「伝えたい部分」以外はグレーアウトすることで、ワンカラー効果を活用するとよいでしょう。

Column 4

「積み上げ棒グラフ」の見せ方

　Lesson12で書いたとおり、ビジネス・プレゼンでは「棒グラフ」「折れ線グラフ」「円グラフ」でほぼ対応可能だと考えていますが、それ以外のグラフが必要になることもあります。

　その一つが「100％積み上げ棒グラフ」です。【Column4-1】と【Column4-2】は、Lesson4の「まいにち小鍋」のプレゼン資料にあったものですが、構成比率の変化を表現するためには、このように積み上げ型の棒グラフを並べることになります。

　この「100％積み上げ棒グラフ」を作成するときには、【Column4-1】のように「横棒」を使うほうがよいでしょう。なぜなら、スライドが横長の

Column4-1　「積み上げ棒グラフ」は横が基本

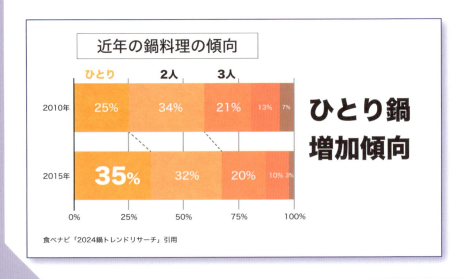

Column4-2 「棒」が多い時は縦に置く

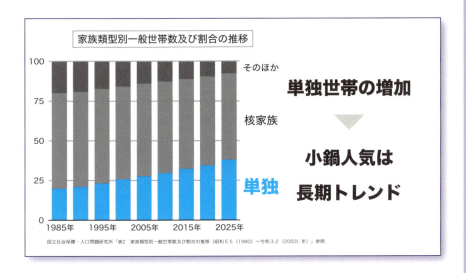

形状であるため、そのほうが、スペースを大きく使って、グラフの表現力を高めることができるからです。

　ただし、【Column4-2】の場合には、積み上げ棒グラフの数が９つと多くなるので、構成比率の変化を追うためには、「縦棒」にしないと非常に見にくいスライドになってしまいます。

　このように、「100％積み上げ棒グラフ」を作成するときには、棒グラフの数によって「横棒」を使うか、「縦棒」を使うかを判断していくことになるのです。

Lesson 22 「ピクトグラム」は組み合わせて使う

▶ ビジネス・プレゼンで「イラスト」はNG

　図解スライドに、イラスト、写真、ピクトグラムなどを掲載しているケースをしばしば目にします。

　しかし、私たちは、社内プレゼンにおいては、イラストは基本的に使わないほうがいいと考えています。【図22-1】のようにイラスト（あるいは、イラストっぽいアイコン）を使うと、どうしても幼稚でチープな印象を与えてしまうので、スライドの説得力が格段に下がってしまうからです（社外プレゼンでは、対象者によっては、イラストが効果的なこともあります）。

　一方、写真やピクトグラムは、使うべき場所で使うと非常に効果的です。

図22-1 社内プレゼンでイラスト（イラスト的なアイコン）はNG

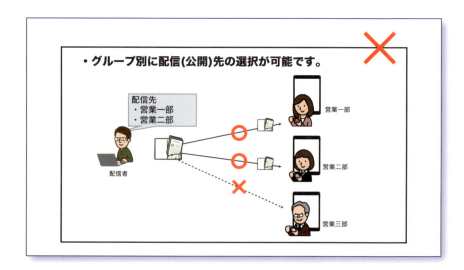

写真は、本書の実例スライドでも使用していますが、実際の情景・状況（またはそれに近いもの）を写真で見せることで、スライドに強力な臨場感やリアリティを与えることができます。
　また、この項目で取り上げるピクトグラムは、テキストとセットで使うことで、相手の理解を強力にサポートする効果を発揮します。
　たとえば、【図22-1】のイラストっぽいアイコンを、【図22-2】のようにピクトグラムに置き換えると、スッキリとわかりやすく、しかもビジネスシーンに合致した知的なスライドにすることがきます。

▶「文字＋ピクトグラム」でわかりやすくなる

　いくつかピクトグラムの使用例を見ていきましょう。
　まず、【図22-3】の①をご覧ください。一目瞭然かと思いますが、単に「新幹線2時間」「JR琵琶湖線5分」「徒歩15分」と記すだけではなく、そこにピクトグラムを添えたほうが、明らかに図解の「意味」を理解するスピ

図22-2 ピクトグラムを使うとスッキリと知的なスライドになる

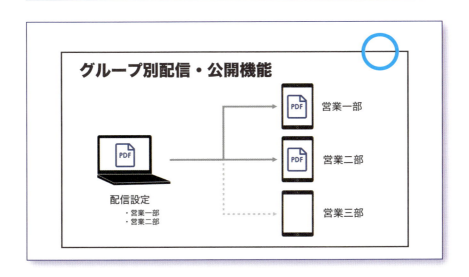

図22-3 ピクトグラムの使用例

①「テキスト＋ピクトグラム」でわかりやすく

【ポイント】
「テキストだけ」より「テキスト＋ピクトグラム」で視認性が大幅アップ。

②「重要なパーツ」にピクトグラム

【ポイント】
図解の中で、一箇所だけ「お金」のピクトグラムを使用することで、「収益ポイント」について説明しやすくなる。

③ピクトグラムを使って「組織図」をつくる

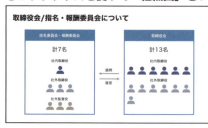

【ポイント】
テキストだけで取締役会の構成メンバーを記すよりも、色分けしたピクトグラムでわかりやすく表現できる。

ードが速いはずです。このように、ピクトグラムを加えることで、理解を促進することが最大のメリットだと私たちは考えています。

【図22-3】の②では、図解の中で「お金」の流れを示す場所だけに、ピクトグラムを使用しています。

このスライドは、自社のビジネスモデルの「収益ポイント」を説明することにあるのですが、「お金」のピクトグラムを目立つように置くことで、相手の目線を「収益ポイント」に関する場所に誘導しやすくなるうえに、「ここで、お金の支払いが発生するんだな」という理解もしやすくなります。

また、【図22-3】の③では、色分けしたピクトグラムを使って組織構成を表現しています。

こうすることで、「取締役会」「指名委員」などの構成メンバーの属性を、視覚的に把握することができるようになります。これを、言葉だけで説明することもできますが、内容を把握するのが非常に面倒くさいことになるでしょう。このような場合には、色分けしたピクトグラムを使って表現すれば、瞬時に理解できるスライドにすることができるのです。

ピクトグラムを「組み合わせる」技術

このように、図解スライドをさらにわかりやすいものにするうえで、ピクトグラムは非常に効果的なツールです。

ピクトグラム（アイコン）は、パワーポイントの「アイコン」、キーノートの「図形」から探してもよいですが、双方ともアメリカ企業がつくったものですから、図柄がグローバルなものが多く、日本人相手にプレゼン資料をつくるときには、必ずしもフィットしないこともあります。

そこで、「アイコーン」（https://icooon-mono.com/）や、「シルエットAC」（https://www.silhouette-ac.com/）などの、アイコン素材ダウンロードサイトも併用するとよいでしょう。

最後に、大事なノウハウをお伝えしておきましょう。それは、ピクトグラムを「組み合わせる」という技術です。

　たとえば、【図22-2】のスライドには、「配信者＝ PC ＋ PDF」「営業一部〜三部（受信者）＝タブレット＋ PDF」という具合に、ピクトグラムを組み合わせて使用しています。「配信者」「受信者」というピクトグラムが存在しないため、既存のピクトグラムを「組み合わせる」ことで、「配信者」「受信者」を表現しているわけです。

　この「組み合わせ」のポイントは、「配信者」には文書作成に適した「PC」のピクトグラムを使用し、「受信者」には文書閲覧に適した「タブレット」のピクトグラムを使用していること。また、資料送信時に使用されることの多い「PDF」を添えることで、「配信者」「受信者」を直観的に理解できるように工夫しています。

　こうした「組み合わせ」ができるようになると、ピクトグラムで表現できる幅が大きく広がっていきます。

図22-4 ピクトグラムの「組み合わせ」で表現する①

図22-5 ピクトグラムの「組み合わせ」で表現する②

　その例を示したのが、【図22-4】と【図22-5】です。ご覧のように、【図22-4】では、ビジネスパーソンに「吹き出し」を組み合わせて「ヒアリング」、「グラフ」を合わせて「分析」をイメージさせるといった工夫をしています。

　一方、【図22-5】では、「10代をイメージさせる人物」と「20代をイメージさせる人物」に、スマホを組み合わせることによって、「世代によって、スマホのサービスの使い方が違う」ことを表現しています。

　こうした「組み合わせ」は理屈で考えるというよりは、感覚的にイメージする類のものですから、ここでそのノウハウをロジカルに説明することはできませんが、プレゼン資料をつくる際に、いろいろな「組み合わせ」を検討するなかで、実践的なノウハウは自然と身についていくはずです。

Lesson 23 「アニメーション」で図解をスマートに見せる

▶「シンプルな機能」だけを使用する

　図解をよりわかりやすく見せるためには、「アニメーション」や「画面切り替え」を上手に使う技術も必要となります。

　ただし、「インパクトを与えたい！」「面白そうに見せたい！」といった曖昧な理由で、無闇に「アニメーション」「画面切り替え」を使うのはやめたほうがいいでしょう。余計な演出は、見る人を白けさせるだけですし、プレゼンそのものの信憑性・信頼性を傷つけることすらあり得るからです。

　特に、社内プレゼンは、なるべく手短かに、シンプルに行うことが求められますから、「基本的には使わない」というスタンスでいるくらいでちょうどいいでしょう。

　ですから、私たちは、基本的には「相手の目線を誘導する」「理解を助ける」「"ネタバレ"を防ぐ」といった明確な理由がある場合にのみ、最小限の「アニメーション」と「画面切り替え」を使用するようにしています。

　また、あまり大袈裟な演出をするのはビジネス・プレゼンにはそぐわないので、次に掲げる機能のみを使用するようにしています。

〈使用するアニメーション〉
- PowerPoint: フェード
- Keynote: ディゾルブ

〈使用する画面切り替え〉
- PowerPoint: フェード、変形（PowerPoint Office365から）
- Keynote: ディゾルブ、マジックムーブ

▶ 相手の「目線」を誘導する

「フェード」(パワーポイント)と「ディゾルブ」(キーノート)は、「アニメーション」や「画面切り替え」の設定をかけたテキストや図形がフワッと表示される機能です。非常に自然な動きなので、とても使い勝手のよい機能といえるでしょう。

【図 23-1】は、この「アニメーション」の使用例です。

まずグラフだけを見せた上で、「12 月(経費)150%増」というグラフが意味することを表示し、さらに、「だから、対策が必要」というキーメッセージを見せるわけです。

このように、「フェード」「ディゾルブ」の機能を使って、1 つひとつの要素を順番に見せていくことで、"ネタバレ"を防ぐとともに、相手の「目線」を誘導していきます。口頭で伝える内容とスライドに表示する内容を一致させることで、ひとつずつ確実に相手にインプットしていくことができますし、

図 23-1 「フェード」「ディゾルブ」の使用例

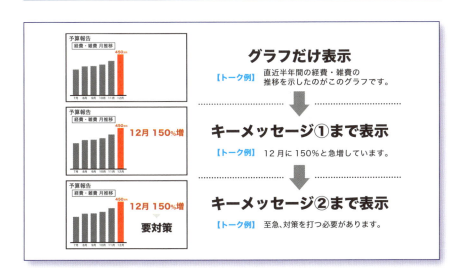

その場にいる全員の理解の進度を揃えるという効果も得られます。

▶「変形」「マジックムーブ」を効果的に使う

「画面切り替え」も、「フェード」と「ディゾルブ」が基本です。

そのほかにも、「さざ波」「渦巻き」など、派手な動きをする機能もありますが、ビジネス・プレゼンでは、大袈裟すぎて逆効果になりますので使用しない方がいいでしょう。

ただし、ひとつだけ例外があります。

それが、「変形」(パワーポイント)と「マジックムーブ」(キーノート)です。

これらは、連続した2枚のスライドの間で同じテキストやグラフを使うときに、1枚目のスライド上の位置から2枚目のスライド上の新しい位置に移動したことを視認できる機能です。

たとえば、【図23-2】のように、キーメッセージの一部を切り取って、次のスライドに動かし、そのテキストについて詳細説明を展開するときに活用します。

1枚目のキーメッセージの一部が2枚目のスライドに移動したことを目で追うことができるので、決裁者は2枚のスライドの因果関係を直観的に理解しやすくなります。そして、この「流れ」を繰り返すことで、3つのポイントについて、スムーズにわかりやすく伝えることができるというわけです。

このように、「変形」「マジックムーブ」は、図解スライドを効果的に見せるうえで、非常に優れた機能ですので、必要に応じて上手に使いこなしてください。

ただし、オンライン・プレゼンでは通信遅延が生じやすいため、「画面切り替え」はあまり使わないほうがよいでしょう(「アニメーション」は通信遅延が起きることはほとんどないようです)。

図23-2 「変形」「マジックムーブ」のイメージ

【トーク例】
我々は、「コワーキングスペース」「仲間づくり・知識の共有」「成長支援のきっかけづくり」という3つのサイクルを回しながら、ビジネスパーソンと経営者をサポートする事業を展開しています。まず、「コワーキングスペース」についてご説明します。

変形、マジックムーブで視線を誘導

【トーク例】
「コワーキングスペース」という"場"があることで、多様な人と働くことで刺激を受けて成長し、多様な人と一緒にプロダクトを作り出したり、人脈が広がっていくという3つの機能を生み出しています。

第4章 【図解ノウハウ❷】パワースライドをつくる

その代わりに、オンライン・プレゼンには、Zoomなどのアプリに備えられている「ペン機能」や「ポインター機能」を使えるというメリットがあります。

　通信遅延や企業文化など何らかの事情で「アニメーション」「画面切り替え」が使えない場合には、「ペン機能」「ポインター機能」で代替するといいでしょう。特に、文字量の多いプレゼン資料をオンライン環境で使用する場合には、これらの機能を上手に使うことで、決裁者の目線を誘導するなど、効果的なプレゼンをすることができるようになります。

　この機能がない会議アプリもありますが、その場合には、パワーポイントの「デジタル ペン」の機能を使えば同様の効果を得ることができますので、ご活用ください。

Lesson 24 1枚ずつ「伝えるべき本質」を見極める

▶「1スライド=1メッセージ」に徹する

「図解スライド」がうまくまとまらない──。

そう思ったときは、まず1枚のスライドに要素を盛り込みすぎているのではないかという疑いをもってください。言うまでもありませんが、1枚のスライドで「あれもこれも」説明しようとすると、相手にとっては「何が言いたいの？」となってしまいます。プレゼン資料においては、「1スライド=1メッセージ」に徹することで、「このスライドが伝えるべき本質的なメッセージは"これ"だ」と絞り込むことが大切なのです。

【図24-1】をご覧ください。これは、企業が顧客サービスの一環として行

図24-1 詰め込みすぎて「よくわからない」図解スライド

ったイベントを報告する社内プレゼン資料ですが、ほとんどの人は「何が言いたいのか？」を読み解くのに困難を感じるはずです。

▶ 混在している要素を「分解」して、ひとつずつ伝える

その原因は、1枚のスライドに3つの要素が混在していることにあります（図24-2）。

第1の要素は、【図24-2】の❶の「参加人数が増加した」という情報です。第2の要素が❷の写真による現場での取り組み報告。第3の要素が❸の「アンケートの声の具体的な内容」です。

このように3つの要素に「分解」したうえで、【図24-3】のように、3枚の「図解スライド」で表現することにしました。

まず①のスライドで、「参加人数が前年比120%増で盛況だった」というメッセージを伝達。②のスライドで、出店企業数を大幅に増やしたことで、

図24-2 混在する要素を「分解・整理」する

図24-3 「1スライド=1メッセージ」でスライドを分割する

①

4月イベント報告

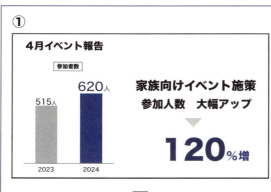

家族向けイベント施策
参加人数　大幅アップ

120%増

【トーク例】
4月に実施した顧客家族向けイベントのご報告をいたします。参加人数は昨年と比べて120%増と、大盛況となりました。

②

4月イベント報告
具体的施策と効果

フードコーナーの充実　　参加者動線の確保

出店企業数　38
（前年度＋19）

駅〜会場までの所要時間
4分短縮

【トーク例】
出店企業数を前回から倍増させたことで、フードコーナーが大人気となったことや、参加者の動線を確保することで、駅から会場までの所要時間を短縮することに成功しました。

③

4月イベント報告

イベント参加後の満足度

満足 20%
大満足 60%

80%満足 回答

・リピート率向上への期待
・他エリア展開の可能性

終了後アンケート　189名回答

【トーク例】
顧客アンケートの結果は、ご覧の通り大好評でした。リピート率の向上が期待できますし、他エリアへの展開についても具体的に検討していきたいと考えています。

フードコーナーが大人気だったことや、参加者動線を確保することで、「駅〜会場」の所要時間を4分に短縮することに成功したことを報告します。

　そして、③のスライドで、顧客アンケート調査結果を示すとともに、「顧客のリピート率の向上が期待できる」ことや、「他エリアへの展開可能性」を訴えました。

　このように、1枚のスライドに、未整理の情報を「あれもこれも」と盛り込もうとすれば、確実にわかりにくい「図解スライド」になります。「1スライド＝1メッセージ」の原則に基づいて、情報を「分解・整理」したうえで、1枚1枚のスライドを「図解化」していくことが大切なのです。

第5章

Before & After で学ぶ
わかりやすい図解の
つくり方

Before/After ❶

無意識的なイメージに沿った「図形」にする

▶ 「循環＝円」という無意識的なイメージ

　第5章では、ここまでご紹介してきた、わかりやすい「図解スライド」をつくるノウハウを踏まえながら、NGスライドをOKスライドにつくり直すレッスンをしてまいります。

　最初にNGスライドをお見せしますので、読者のみなさんならどのようにつくり直すかを考えてみてください。そのうえで、私たちの考えるOKスライドを見ていただくことで、より深い学びが得られると思います。

　では、早速、【図25-1】のNGスライドをご覧ください。このスライドは、コワーキングスペースなどの運営を通じて、ビジネスパーソン・経営者など

図25-1 Beforeスライド

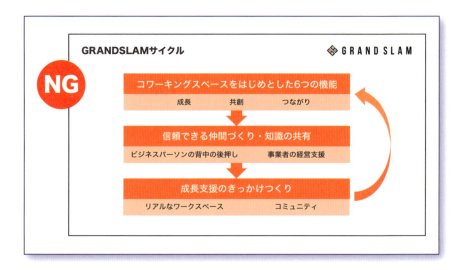

の支援をしている企業の事業紹介プレゼンの一部です。それほど情報量は多くないのに、「何が言いたのか？」がスッと理解できないスライドになってしまっています。

　最大の問題点は、3つの要素が循環する「サイクル型」の図解なのに、その「サイクル型」が円形になっていないことです。私たちは、ほとんど無意識的に「循環＝円」というイメージをもっているため、そのイメージに沿った図形にしないと、「循環している」ことが直観的に理解できないのです。

▶ 社外プレゼンでは「自社ロゴ」を打ち出す

　これらのポイントを改善して作成したのが、【図25-2】のOKスライドです。ご覧のように、「サイクル」を円形にするとともに、「サイクル」の流れを時計回りにしています。こうすることで、格段にわかりやすい「図解スライド」になったのではないでしょうか。

図25-2 Afterスライド①

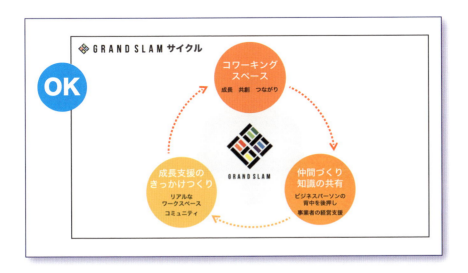

一点補足すると、このプレゼン資料は、自社の事業を社外の人たちに紹介する「社外プレゼン」ですから、図解の中央部分に「自社のロゴ」を置きました。

　社内プレゼンでは、このようなことをする必要はありませんが、自社の事業を外部に説明するような社外プレゼン資料では、随所で「自社のロゴ」「自社の社名」などを打ち出す工夫をしておくのは意味のあることです。

▶「スライドを分割」して、さらにわかりやすくする

　ただ、【図25-2】のスライドにも弱点があります。

　円形の中に「コワーキングスペース　3つの機能　成長 共創　つながり」などの文字が、小さなフォントで入っているために、やや読みづらいうえに、相手に強く印象づける力も弱いと言わざるを得ません。

　もちろん、社内プレゼンであれば、この1枚のスライドで十分な表現になっていると思いますが、このプレゼン資料は社外の人たちに「自社事業の有用性を訴える」ことが目的ですから、さらにインパクトのある表現をする必要があります。

　このような場合には、【図25-3】のように、スライドを「分割」するといいでしょう。

　【図25-3】の①のスライドのように、円形の中には「コワーキングスペース」「仲間づくり 知識の共有」といったキーワードのみを入れることで、一段とスッキリとわかりやすい「図解スライド」にすることができます。

　そして、緑の❶、青の❷、赤の❸のようにスライド同士を連携させながら、それぞれの内容を図解したスライド（②、④、⑥）を順番に見せながら、口頭で詳しく説明していくわけです（「画面切り替え」の「変形」「マジックムーブ」を使うといいでしょう）。

　このようにすることで、"ネタバレ"を防ぐこともできます。

　【図25-2】のスライドでは、円形の中に「コワーキングスペース　3つの

図25-3 Afterスライド②

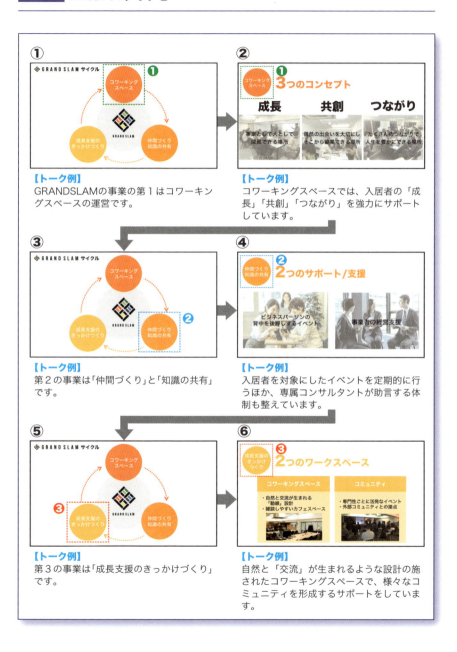

機能　成長 共創　つながり」と書かれている一方、【図25-3】の①のスライドでは、円形の中には「コワーキングスペース」としか書いてありません。そのため、②のスライドでその内実を示すまで、相手は「コワーキングスペースで、どんなメリットが得られるのだろう？」と興味を持続してくれるという効果を得ることができるわけです。

　社内プレゼンでは、このような配慮は不要です。むしろ、こういうことに手間をかけると、「無駄な手間をかけないように」と注意されるのがオチでしょう。しかし、社外プレゼンにおいては、相手の興味をいかに惹きつけるかが勝負になりますので、"ネタバレ防止"は非常に重要なポイントとなるのです。

　また、【図25-3】のような形でスライドを「分割」した場合には、相手に印象づけたいもの（ここでは「自社ロゴ」）を、何度も「連打」することができるという効果も生まれることも書き添えておきたいと思います。

Before/After ❷

Lesson 26
最も重要な「構図」を シンプルに見せる

▶ なぜ、「ピン!」とこないスライドになるのか?

【図26-1】をご覧ください。

このスライドは、KMRコンサルティングという会社の事業を説明する社外プレゼンの一部です。

この会社は、海外アーティストと日本企業を結びつけることで、双方にとってメリットを生み出す仲介者（コンサルタント）として事業を行っており、その全体像を1枚の「図解スライド」にしたのが【図26-1】です。

しかし、この図解では、直観的に「海外アーティストと日本企業の仲介をしている」ことが理解できませんよね？

図26-1 Beforeスライド

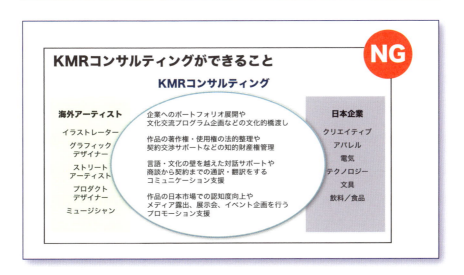

どこに問題があるのか、一緒に考えていきましょう。

▶「関係性」は矢印で表現したほうがよい

第1に指摘したいのは、「キーメッセージ」がないことです。

このスライドで「最も伝えたいこと」を、キーメッセージとして明確に打ち出すことによって、スライドを読み解くことは格段に容易になります。

第2に、「図形」の使い方が適切ではないということです。【図26-2】の❶で示しているように、海外アーティストと日本企業が「長方形」に、KMRコンサルティングの「楕円」の一部が被さるように配置されていますが、これが効果的ではないのです。

おそらく、「楕円」の一部を「長方形」に被せることで、KMRコンサルティングが、海外アーティストと日本企業の「橋渡し」をするということを視覚的に表現しようとしたのだと思われます。そして、「長方形」に被せるためには、「楕円」にせざるを得なかったのでしょう。

図26-2 Beforeスライドの問題点

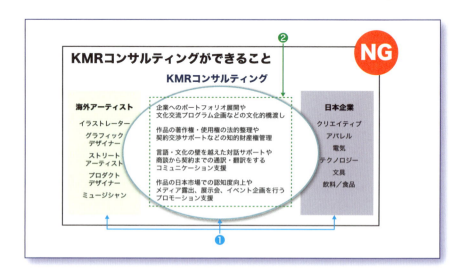

しかし、Lesson19で解説したように、特段の意味がない場合は、基本的に複数の図形を使わない方がわかりやすいスライドになります（「楕円」は基本NG）。また、ボックス同士の関係性は矢印で表現するとわかりやすくなります（Lesson6参照）。

第3の問題点は、文字量が多すぎることです。

スライド全体で105文字を大きく上回る文字量となっており、特に、【図26-2】の❷の部分が「文章表現」になっているために、不必要に文字数を増やしています。これでは、相手はスライドの文章を読み始めてしまい、こちらのトークに耳を傾けてはくれないでしょう。

▶ ボックス内を「40文字」に近づける

これらの点を改善したのが【図26-3】です。

まず、❶のようなキーメッセージを打ち出しました。これによって、この

図26-3 Afterスライド①

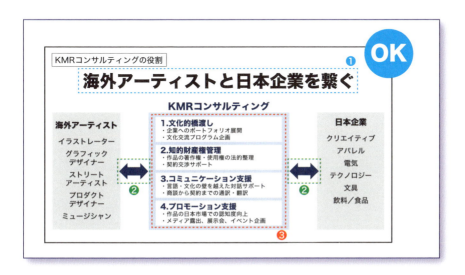

スライドが伝えたいことは明確になり、相手は、その視点で図解を読み解こうとしてくれます。

　そして、ご覧のように、3つのボックスを全て同じ形状のものにするとともに、❷のように双方向の矢印を置きました。【図26-4】のように、一方向の矢印や矢羽のない太い罫線で繋げる方法も考えましたが、双方向の矢印にしたほうが、「KMRコンサルティング」が「海外アーティスト」「日本企業」双方と対話をしながら、両者のマッチングを行うという「関係性」をイメージしやすいと判断しました。

　最後に、❸のように文字量を大幅に削減しました。
　ここでのポイントは、【図26-1】では文章表現だったものを、すべて体言止めの箇条書きにしたことと、4つのボックスに分割することで、ボックス内で40文字以内にしたことです。
　スライド全体では、これでも105文字を超えてしまっていますが、ボッ

図26-4　最も適切に「関係性」を表現する矢印はどれか？

クス内の文字数をなるべく40文字に近づけることで、かなりシンプルな印象をもたせることができたのではないでしょうか。

▶ 最も重要な「構図」を最初に見せておく

なお、このスライドも、【図26-5】のように分割するとより一層効果的でしょう。

トークの進展に合わせて、緑の点線部分を順番にアニメーションで見せていくことによって、"ネタバレ"を防ぐという効果ももちろんありますが、ここで何よりも重要なのは、①のスライドを見せることによって、全体の構図を最もシンプルな図解で見せておくことです。

このスライドで伝えたい最も本質的なポイントは、キーメッセージにあるとおり「我々KMRコンサルティングは、海外アーティストと日本企業を繋ぐ事業を行っています」ということですが、それを最もシンプルに表現したのが①のスライドにほかなりません。

そして、このスライドを相手にしっかりと印象づけておけば、その後、詳しい内容の説明を進めていっても、おそらく混乱して「何を言ってるのかわからない」ということにはならないはずです。

このように、まず初めに「最も根本的な構図」を図解で見せたうえで、情報を分割して少しずつ見せていくことによって、文字量が多いスライドのデメリットを最小化することができます。

これも、わかりやすいプレゼンをするうえで、非常に重要なポイントですので、ぜひ覚えておいてください。

図 26-5 Afterスライド②

① 【トーク例】
KMRコンサルティングは、海外アーティストと日本企業を繋ぐビジネスを展開しています。

②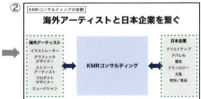
【トーク例】
ご覧のとおり、海外アーティストはイラストレーターからミュージシャンまで、日本企業はクリエイティブから飲料/食品まで、幅広くお付き合いをさせていただいています。

③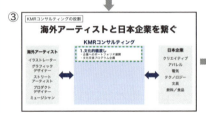
【トーク例】
KMRコンサルティングの役割は4つ。まず第1に文化的橋渡しです。海外アーティストのポートフォリオを日本企業にお繋ぎするほか、アーティストと日本企業がリアルに交流できる文化交流プログラムを企画しています。

④
【トーク例】
第2に、知的財産権管理です。海外アーティストの権利関係を法的にプロテクトした上で、日本企業との契約交渉をサポートします。

⑤
【トーク例】
第3に、コミュニケーション支援です。言語・文化の壁を超えたアーティストと日本企業の対話をサポートしつつ、商談から契約までの通訳・翻訳も対応させていただきます。

⑥
【トーク例】
第4に、プロモーション支援です。海外アーティストの作品の日本市場での認知度向上を図るために、メディア露出、展示会、イベント企画などを仕掛けて行きます。

Lesson 27

Before/After ❸

「SmartArt」を使わず、自由にスライドをつくる

▶ スライド・デザインの「自由」が失われる

　プレゼンソフトには、図解スライドを手軽につくることができるように、さまざまなレイアウトのフォーマットが用意されています。

　たとえば、パワーポイントには「SmartArt」があり、その中から、つくろうとしているスライドに適したフォーマットを選択し、そこにテキストやデータなどを書き込んでいくことができるようになっています。

　しかし、私たちは、スライド・デザインの自由度を損ねるため、こうした機能は使わないことをおすすめしています。【図27-1】をご覧ください。

図27-1 Beforeスライド

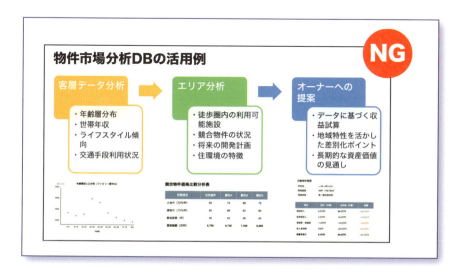

第5章 【Before＆Afterで学ぶ】わかりやすい図解のつくり方　177

これは、フランチャイズ展開している小売業者（フランチャイザー）が、フランチャイジーが新規出店を検討する際に必要なデータベース（DB）の活用法を説明するプレゼン資料の1枚です。

このスライドでは、スライド・タイトルやグラフ、表組み以外の部分は、「SmartArt」を活用しているのですが、なんとなくパッとしないデザインのように見えます。しかも、「SmartArt」のフォーマットに制約があるため、テキストの改行がいびつな感じになっていますし、重要なグラフや表がとても小さく表示される結果となっています。

このように、「SmartArt」は便利ではあるかもしれませんが、実際には、こちらが意図したとおりのデザインに落とし込むことができないというジレンマに陥るのです。

▶ 情報が「ビジー」になりすぎないように工夫する

ですから、私たちは、基本的には「SmartArt」のような機能は使わずに、

図27-2 Afterスライド①

自分でテキストボックスや図形を挿入することで、自由にスライド・デザインをしたほうがいいと考えています。

【図27-2】のAfterスライドをご覧ください。
　第1の修正点は、「立地客層データ」「エリア分析」「物件オーナー提案」の3つのステップを矢羽根で表現したことです。
　こうすることで、【図27-1】のようにボックスと矢印を使うパターンよりも、かなりシンプルでわかりやすいデザインになります。このスライドのように、スライドに盛り込む要素が多い場合には、なるべく情報がビジーになりすぎないように、図形をできるだけシンプルにするほうがよいでしょう。

　第2の修正点は、「SmartArt」の制約から解放されたことで、すべてのテキストを1行で表示できるように工夫したことと、最も見せたいグラフと表をできる限り大きく表示するようにしたことです。
　そして、第3の修正点は、カラーリングです。このスライドは、「新規出店を検討する」ための、3つのステップを表現するものですから、【図27-1】のようにそれぞれ異なる色を使うのではなく、【図27-2】のように、同じ系統の色味で統一したほうが理解しやすいものになります。

▶「グラフ・表」だけを大きく見せる

　しかし、【図27-2】にも弱点があります。
　1枚のスライドで完結させようとすると、グラフと表を大きく表示しようとしても限界があります。これでは、「雰囲気はわかるけど……」という微妙な反応が返ってきそうです。

　そこで、【図27-3】のようにスライドを分割したり、アニメーション機能を使ったりすることで、【図27-2】のスライドにアレンジを加えるといいでしょう。
　ご覧のとおり、まず初めに①のスライドで、「立地客層データ」「エリア分

図27-3 Afterスライド②

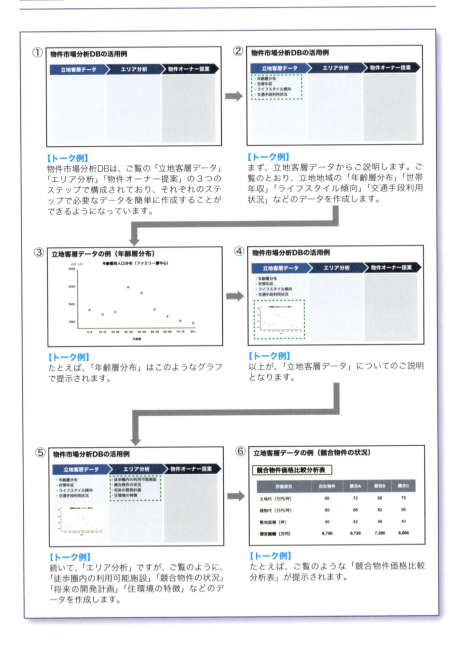

析」「物件オーナー提案」の3つのステップという、このプレゼンの最も根本的な構造を見せます。

　そのうえで、トークの進展に合わせて、緑の点線の部分をひとつずつアニメーションで見せていくことによって、"ネタバレ"を防ぎ、相手の興味を惹きつけます。

　そして、③や⑥のように、最も見せたいグラフや表を全画面で表示するスライドを挟んでいきます。このようにすることで、グラフや表をしっかりと見せながら、3つのステップをスムーズに説明することができるわけです。

Before/After ④

Lesson 28 「アイコン」や「矢印」もなるべく揃える

▶ 込み入ったサービスは「図解」で説明する

【図28-1】のスライドは、「リモかぞく」という架空のスマホ・アプリの提供イメージを、ユーザーに説明するプレゼン資料の一部です。

想定しているサービス・イメージは次のとおり。両親と独立した子どもが、それぞれの生活情報や健康情報を「リモかぞく」に登録（スマートウォッチなどから自動送信）し、そのサマリー情報を「リモかぞく」から週1回～月1回、定期的に双方に送信。親子が直接連絡を定期的に取り合うことにはお互いに負担感が伴うため、それを「リモかぞく」が代替することで負担軽減をしながら、繋がりを維持するというサービスです。

図28-1 **Before スライド**

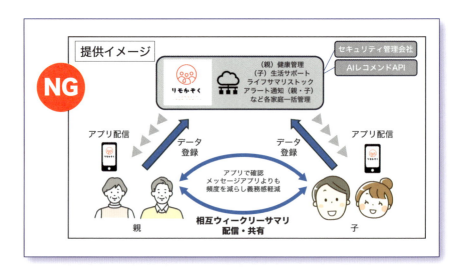

さらに、たとえば、親の健康情報に異常値が見られた場合などには、「リモかぞく」から子どもにアラート通知が送信されるといったサービスもあり、いざという時の「安心」も得られるという仕組みとなっています。

このように、言葉だけで説明しようとするとイメージしにくいサービスは、図解スライドを見せながら説明するのが適切です。

しかし、【図28-1】のスライドは、見た瞬間に反射的に「うっ」ときませんか？　なんとなくゴチャゴチャしていて、「読み解く」のが面倒くさそうな印象を持たれた方が多いのではないかと思います。

▶ アイコンのテイストも「揃える」

その原因を、【図28-2】を見ながら分析していきましょう。

まず指摘したいのは、❶の親と子どものアイコンのテイストが全く違うことです。わかりやすい「図解スライド」を作るうえで「揃える」ことは重要

図28-2 Beforeスライドの問題点

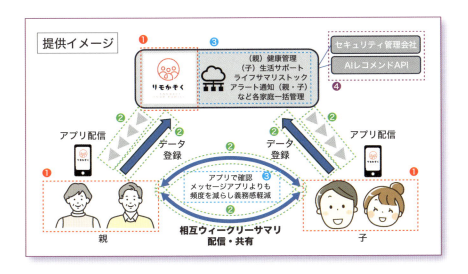

ですが（Lesson19 参照）、それはアイコンのテイストも同様です。アイコンは存在感があるだけに、それが不統一だと、ゴチャゴチャしたスライドになってしまうのです。

　また、「リモかぞく」のロゴが小さく表示されているのも好ましくありません。このサービスは、「親」「子ども」「リモかぞく」の3者の情報のやり取りで成り立っているわけですから、この3者に同等の存在感を与えたほうがわかりやすくなるはずだからです。

　次に、❷の矢印です。

　ご覧のように、3種類の矢印が使用されていますが、これがゴチャゴチャ感をさらに増幅しています。おそらく、3種類の矢印を使い分けることで、それぞれが異なる情報伝達であることを視覚的に表現しようとしているのだと思われますが、その効果よりも、ゴチャゴチャするというデメリットの方が勝っていると言えるでしょう。ですから、矢印も「揃える」のが正解なのです。

　また、❸の説明文もゴチャゴチャしているので、もう少し整理してスッキリさせた方がよさそうですし、❹の「セキュリティ管理会社」「AIレコメンドAPI」というユーザーには直接関係なさそうな情報は、このスライドにそもそも必要なのかという疑問もわいてきます。

▶ 矢印にあまり「意味」をもたせない

　こうした問題点を改善したのが【図28-3】のAfterスライドです。

　まず、アイコンのテイストを揃えたうえで、「リモかぞく」のロゴの形状に揃えるために、円形にトリミングをしました。そして、ご覧のとおり、「親」「子ども」「リモかぞく」が同等の存在として目立つように配置することで、3者の間で情報を流通させるサービスであることが、直観的に理解しやすくなったと思います。

　なお、Lesson22で、ビジネス・プレゼンでは「イラスト」は基本的にNG

図28-3 After スライド

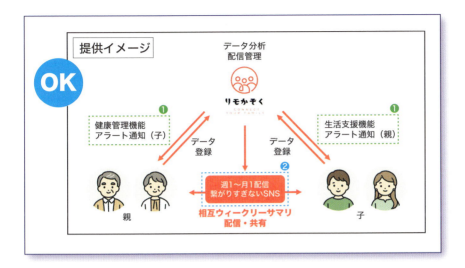

とお伝えしましたが、ここではあえて、イラストのアイコンを使用しました。登場人物に親近感をもってもらうとともに、年齢・特徴もわかりやすくするためです。

　次に、矢印もすべて「揃え」ました。

　そのうえで、【図 28-2】の❸の情報を整理して、【図 28-3】の❶と❷に配置しました。特に、【図 28-3】の❷の部分は、このサービスの最も中核的な部分ですので、ご覧のようにスライドの中で最も目立つようにカラーリングをしました。

　このように、矢印の形状を統一しても、それぞれに簡潔な説明文を添えたうえで、口頭でも補足すればスムーズに理解してもらえるはずです（口頭で説明する順番に、アニメーションでひとつずつ見せていくと、より一層わかりやすくなるでしょう）。

　さらに、【図 28-2】の❹については、このスライドから消去しました。

第5章　【Before & Afterで学ぶ】わかりやすい図解のつくり方

このサービスが「セキュリティ」においても万全を期していることを説明することが目的なのであれば、このような中途半端な形で掲載して、ゴチャゴチャしたスライドにするのではなく、そのことを図解したスライドを別途用意したほうが、相手にとってはわかりやすいプレゼンになるはずです。
　このように、1枚のスライドに情報を盛り込みすぎると、ゴチャゴチャしたわかりにくいスライドになりますので、そのスライドで伝えるべき「本質的」な情報を絞り込んでいくことが大切なのです。

Before/After ❺

「ツリー型」で情報を整理する

▶ 「箇条書き」をズラズラ並べない

　【図29-1】は、ある会社の人事部が、社員のモチベーション低下の現状分析を報告するとともに、対策の必要性を訴える社内プレゼンの一部ですが、パッと見た瞬間に、「うっ！　これはゴチャゴチャしていて、わかりにくいスライドだな！」という印象をもたれたのではないでしょうか？

　では、どのように改善していけばいいのか？
【図29-2】を見ながら、一緒に考えていきましょう。まず第1に指摘しておきたいのは、スライド・タイトルが長すぎるということです。

図29-1　Beforeスライド

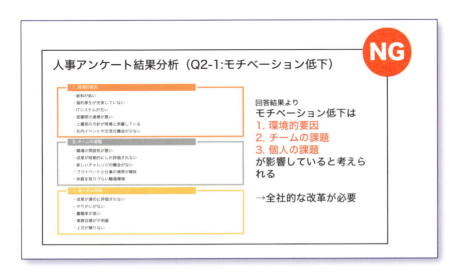

第5章　【Before & Afterで学ぶ】わかりやすい図解のつくり方

図29-2 Beforeスライドの問題点

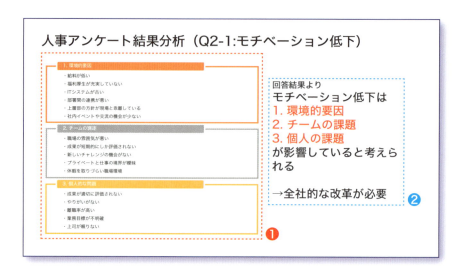

特に、「(Q2-1: モチベーション低下)」という部分は、おそらく、人事部が作成したアンケート資料の「質問項目」だと思われますが、このような細かい情報をスライドに盛り込む意味はないでしょう。こうした不必要な情報を割愛することで、少しでもシンプルなスライドにするべきだと思います。

また、色数も「茶色」「グレー」「オレンジ」「赤」とやや多いために、散漫な印象になっていることも指摘しておく必要があるでしょう。

▶ フォントが小さくなる「要因」をつぶす

次に、❶の部分は、ズラズラと箇条書きが続いており、正直なところ「読みたくない」と思わせる煩雑さがあります。しかも、「1. 環境的要因」「2. チームの課題」「3. 個人的な課題」という重要な部分が、非常に見えにくくなっているのも問題だと言えるでしょう。

そもそも、スライド全体の文字量が「105文字」を大きく上回っているうえに、「1. 環境的要因」などのボックス内も「40文字」を大きく上回ってしま

っており、明らかに文字量が過多になっています。

そして、❶のフォントが小さい原因となっているのが、❷のキーメッセージの部分です。Lesson14でも解説した通り、図解スライドにおいて最も重要なのはキーメッセージではあるのですが、このスライドの場合には、キーメッセージをここに置くがために、❶のスペースが狭くなり、小さなフォントにせざるを得なくなってしまっているのです。

また、「全社的な改革が必要」というだけでは、あまりにも具体性が乏しいと言わざるを得ません。社内プレゼンにおいては、必ず、「このプレゼンを踏まえて、次に何をやるかを具体的に提案する」＝「ネクストステップを提案する」ことが不可欠です。

▶ ロジックツリーで「要素分解」する

こうした問題点を踏まえて、私たちが改善したのが【図29-3】のAfter

図29-3 afterスライド

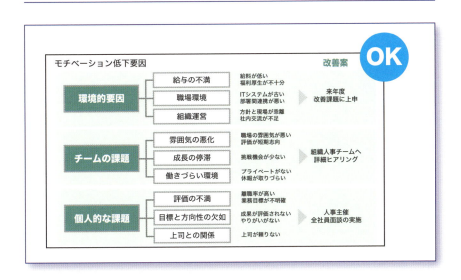

スライドです。スライド全体の文字量は多いですが、情報を分解・整理したことで、すっきりと理解しやすくなったと思います。どこをどう直したのかを、【図29-4】をご覧いただきながらご説明しましょう。

まず、スライド・タイトルをシンプルなものに付け替えるとともに、ブルーとその同系色でまとめることで、色数も減らしました。

そのうえで、ご覧のように、ロジックツリー化することで、「環境的要因」「チームの課題」「個人的な課題」という3つの要素ごとに要素分解していくことで、「状況把握」がしやすいようにアレンジをしました。

▶ 具体的な「ネクストステップ」を明示する

ここで注目していただきたいのは、思い切ってキーメッセージを削除したことです。そのかわりに、❶のように「環境的要因」「チームの課題」「個人的な課題」という重要ワードを目立たせました。

この3つのワードをしっかり見せておけば、口頭で「モチベーション低下

図29-4 afterスライドの改善ポイント

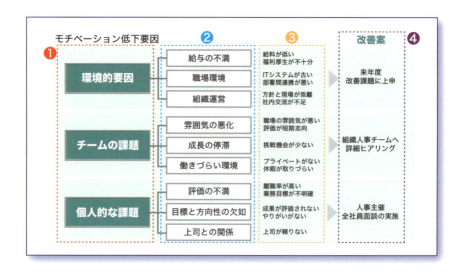

は、『環境的要因』『チームの課題』『個人的な課題』が影響していると考えられます」などと伝えることで、このスライドが伝えたいメッセージは十分に伝わるはずです。

このメッセージをより確実に伝えたいならば、【図29-5】の①のようなスライドを予め見せておいたうえで、このスライドを見せればよいでしょう。このように、やや込み入った「図解スライド」をつくる場合には、キーメッセージは別のスライドでしっかり見せることが必要になることもあるのです。

また、Beforeスライドでは箇条書きがズラズラと並んでいたために、視認性が悪かったので、❷のように、いくつかの項目をまとめる「上位項目」を設定。❸の下位項目の文章もなるべく短くすることで、できる限りシンプルなロジックツリーになるように調整しました。

さらに、❹のように、3つの要素ごとに、「次にやるべきこと」＝「ネクストステップ」を具体的に明示。このようなスライドを見せることで、相手（上層部・決裁者）は的確な状況把握ができるとともに、「ネクストステップ」の可否の意思決定もしやすくなると思います。

図29-5 キーメッセージを別スライドで伝える

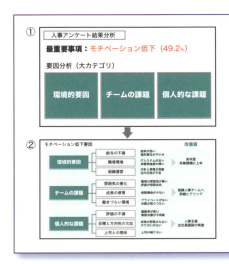

【トーク例】
人事アンケートを実施した結果、「モチベーション低下」が我が社の最重要事項であることがわかりました。そして、この問題には「環境的要因」「チームの課題」「個人的な課題」という3つの要因があることが浮かび上がってきました。

【トーク例】
3つの要因を、詳しく分析したのがこちらのスライドです。まず、「環境的要因」には、「給与の不満」「職場環境」「組織運営」の3つの要素があり……。

Before/After ❻

「シンプルな図解」でも、わかりにくければ意味がない

▶ 相手の「知識レベル」に合わせる

【図30-1】は、ある会社の経理部が、社員にインボイス制度について説明するためにつくったスライドです。

説明のポイントは、仕入先がインボイス請求書を提出しない場合には、「仕入税額控除」をすることができないため、自社の消費税納税額が高くなることに注意を促すことです。

ところが、【図30-1】のスライドはシンプルなので、一見わかりやすそうな印象を与えますが、税金に関する知識をもたない一般の会社員にとっては、

図30-1 **Before** スライド

「インボイス請求書がないと、具体的にどうなるのか？」をイメージすることはできないでしょう。

なぜなら、このスライドは、プレゼンの相手が「消費税」や「仕入税額控除」について知識があることを前提につくられているからです。

経理部員など専門知識をもつ人を対象とするプレゼンならば、このスライドでも趣旨が伝わるかもしれませんが、「消費税」に関する基本的な知識をもたない一般の会社員には、チンプンカンプンなプレゼンになる可能性が高いのです。

プレゼン資料をつくるときに重要なのは、相手に合わせること。このケースで言えば、一般社員の「知識レベル」に合わせて、スライドに盛り込む情報を増やしていく必要があるということ。スライドは「シンプルであればいい」というわけではないのです。

▶ やや複雑でも、「伝わる」ことに意味がある

では、どのように改善すればいいのでしょうか？
私たちは、1枚のスライドで表現するならば、【図30-2】のようなスライドにします。
「仕入税額控除」とは、次の計算式のように、売上げに係る消費税から仕入れに係る消費税を差し引いて、納税額を算出することですが、これを抽象的に伝えようとすると難しくなります。

【仕入税額控除の計算式】

売上税額	−	仕入税額	＝	納付税額
売上の消費税額		仕入れや経費の消費税額		納付する税額

そこで、【図30-2】のように、実際の取引とお金の流れを具体的に図解したスライドにすることで、「仕入税額控除」についてわかりやすく説明でき

図30-2 Afterスライド①

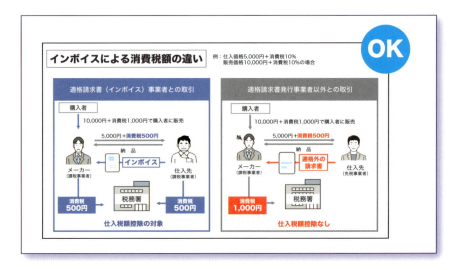

ると考えたのです。

　やや複雑なスライドになっていますが、本来、こうした込み入ったことを視覚的に表現することで、わかりやすく伝えるのが図解化する最大のメリットです。
　このスライドを見せながら、口頭でひとつずつ丁寧に説明すれば、消費税に関する詳しい知識がない人にも、「仕入税額控除」について理解してもらえるはずです。

▶ 抽象的な概念を「図解」で説明する

　説明の流れは、次のようなイメージです。
　まず、左の図解を示しながら、次のポイントを説明します。

① メーカーが販売先から1万1000円の対価を受け取ったら1000円の消

費税の納税義務が発生する。
② 部品を納入してもらった仕入先から、5500円（消費税分500円）のインボイス請求書をもらえれば、その消費税500円を控除することができる。
③ つまり、メーカーの消費税額は、「1000円 − 500円 ＝ 500円」となる。これが「仕入税額控除」の仕組みである。

次に、右の図解を示しながら、次のポイントを説明します。

④ ところが、仕入先（免税事業者）がインボイス請求書ではなく、適格外の請求書を提出した場合には、「仕入税額控除」が適用されない。
⑤ したがって、メーカーの消費税額は「1000円」となる。

みなさんも、【図30-2】を見ながら、上記の説明文を読めば、「仕入税額控除」についてしっかりと理解していただけたのではないでしょうか？　実際には、口頭で説明する順番に、該当箇所をアニメーションで見せていくと、さらに理解しやすいプレゼンになるでしょう。

▶ スライドを増やしてもかまわない

ただし、【図30-2】は、あくまで1枚のスライドで説明する場合のイメージです。

もっとわかりやすいプレゼンをするためには、【図30-3】のように、複数枚のスライドに分ける必要があるでしょう。

まず、①のスライドで計算式を見せながら、「仕入税額控除」の仕組みを抽象的に説明したうえで、②のスライドで、具体的な取引とお金の流れを見比べながら、「仕入税額控除」の計算を実演してみせます。この2枚のスライドで、「仕入税額控除」については理解してもらえるはずです。

続いて、③のスライドで、インボイス制度の導入によって、インボイス請

図30-3 Afterスライド②

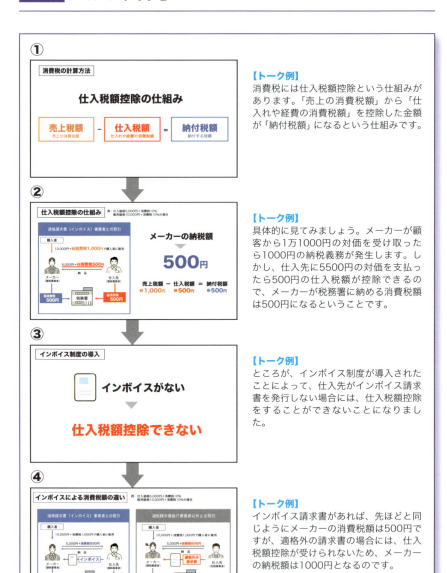

①

【トーク例】
消費税には仕入税額控除という仕組みがあります。「売上の消費税額」から「仕入れや経費の消費税額」を控除した金額が「納付税額」になるという仕組みです。

②

【トーク例】
具体的に見てみましょう。メーカーが顧客から1万1000円の対価を受け取ったら1000円の納税義務が発生します。しかし、仕入先に5500円の対価を支払ったら500円の仕入税額が控除できるので、メーカーが税務署に納める消費税額は500円になるということです。

③

【トーク例】
ところが、インボイス制度が導入されたことによって、仕入先がインボイス請求書を発行しない場合には、仕入税額控除をすることができないことになりました。

④

【トーク例】
インボイス請求書があれば、先ほどと同じようにメーカーの消費税額は500円ですが、適格外の請求書の場合には、仕入税額控除が受けられないため、メーカーの納税額は1000円となるのです。

求書がない場合には、「仕入税額控除」ができなくなったことを明示。その上で、④のスライドで、「インボイスあり＝仕入税額控除あり→納税額500円」と「適格外の請求書＝仕入税額控除なし→納税額1000円」の違いを対比させることで、理解を定着させるという構成になっています。

　Lesson2でお伝えしたように、社内プレゼンでは本編スライドは「5〜9枚」でまとめるのがベストではありますが、相手の理解のために必要であれば、適宜、スライドを増やしてもかまいません。重要なのは「枚数」を絞ることではなく、相手に「伝わる」ことなのですから。

Epilogue あとがき
「資料」にこだわれば、プレゼンが楽しくなる

　私は今でも人前に立つと緊張してしまいます。
　時には頭が真っ白になることもあります。
　そう、私もプレゼンが苦手な一人でした。
　だからこそ、「伝わる資料」にこだわってきました。

　私がプレゼンと向き合う日々が始まったのは、大学卒業後ソフトバンクに入社し、営業推進部門でセミナー担当になったときのことでした。当時は資料のつくり方すらわからず、上司や先輩の資料を貼り合わせたスライドを使って、しどろもどろになりながらプレゼンをしていました。
　もちろん、それでは結果は出ません。数をこなしても慣れず、手応えもなく、「これは根本的に改善しなければ」と思い、当時ソフトバンクから独立しプレゼン講師をしていた前田鎌利さんに師事。そこでプレゼンは「徹底的に相手の目線に立つこと」を学びました。

　相手はどんな情報を必要としているのか。どんな言葉が響き、どんなスライドだと感情が動くのか。どうすればスッと理解してくれるのか……。その中でもとりわけ「図解化」は私のプレゼンに大きな変化をもたらしました。複雑な内容を文章だけで伝えようとしても、相手には十分に伝わりません。相手の目線で考え抜き、複雑な内容を「わかりやすい図解」に落とし込むことが鍵だと気づいたのです。

図解を用いた資料でプレゼンを行うと、明らかにお客様の反応が変わっていきました。そして何度も資料をブラッシュアップし続けた結果、開催したセミナーで参加企業の約4割の契約を達成。この経験は私にとって大きな自信となり、プレゼン資料の力を改めて実感する瞬間でもありました。

　その後、さまざまなサービスの資料作成や部署内での講座開催、副業で研修講師を行うなど、社内外で資料ブラッシュアップに携わるようになりました。こういった経験を経て「伝わる資料」のコツをもっとたくさんの方と共有したいという思いから、スライドデザイナーとしての活動を開始。本書の共著者である鎌利さんとともに、現在はさまざまな企業の資料作成や講座の講師などを務めています。

　しっかりとつくり込んだ資料があれば、本番でどんなに緊張しても、その資料が「道標」となってくれます。プレゼン資料は私のお守りです。徹底的に考えて作ることで、自信を持って話せるようになる。言葉と一緒にスライドが大事な部分を伝えてくれる。その安心感こそが、人前で話すのが苦手な私でもプレゼンを楽しめるようにしてくれるのだと思います。

　本書にまとめた「図解化」するスキルを身につけていただければ、きっとあなたもプレゼン資料をつくることが楽しくなるはずです。

　共著者である前田鎌利さんには、私の経験や知識を形にする過程で、的確なアドバイスと温かい励ましをいただきました。編集者の田中泰さんには、私の思考の流れを明確に言語化し、より多くの方に伝わる内容へと磨き上げていただきました。そして、いつも笑顔で支えてくれる家族の存在なくして、この本は完成しなかったと思います。

　この本が、皆さまの「伝えたい」気持ちに寄り添い、プレゼン資料作りがもっと楽しくなるきっかけとなれば、これ以上の喜びはありません。

　最後までお読みいただき、ありがとうございました。

2025年2月　　　　　　　　　　　　　　　　　　　　　　　　　　堀口友恵

前田鎌利（まえだ・かまり）

1973年生まれ。ソフトバンクモバイルなどで17年にわたり移動体通信事業に従事。ソフトバンクアカデミア第一期生に選考され、プレゼンテーションにおいて第一位を獲得する。孫正義社長に直接プレゼンして幾多の事業提案を承認されたほか、孫社長のプレゼン資料づくりも数多く担当。2013年12月にソフトバンクを退社、株式会社固を設立して、プレゼンテーションクリエイターとして独立。2000社を超える企業で、プレゼンテーション研修やコンサルティングを実施。ビジネス・プレゼンの第一人者として活躍中。著書に『【完全版】社内プレゼンの資料作成術』『プレゼン資料のデザイン図鑑』『パワーポイント最速仕事術』（すべてダイヤモンド社）など。

堀口友恵（ほりぐち・ともえ）

埼玉県秩父市生まれ。立命館大学産業社会学部卒業後、ソフトバンクへ入社。技術企画、営業推進、新規事業展開などを担当する中で、プレゼンの経験と実績を積む。2017年に株式会社固へ転職し、スライドデザイナーとしての活動を始める。企業向け研修・ワークショップの担当や大学非常勤講師のほか、大手企業などのプレゼンのスライドデザインを担当し、のべ400件以上の資料作成やブラッシュアップを手がける。前田鎌利著の『プレゼン資料のデザイン図鑑』『パワーポイント最速仕事術』のコンテンツやスライドの制作にも深く関わった。ITエンジニア本大賞2020プレゼン大会にて、ビジネス書部門大賞・審査員特別賞を受賞。小学生向けのオンライン講座「こどもプレゼン教室」を運営し、子どもたちのプレゼンスキルアップの支援も行っている。

プレゼン資料の図解化大全

2025年2月18日　第1刷発行

著　者——前田鎌利　堀口友恵
発行所——ダイヤモンド社
　　　　〒150-8409　東京都渋谷区神宮前6-12-17
　　　　https://www.diamond.co.jp/
　　　　電話／03・5778・7233（編集）　03・5778・7240（販売）

ブックデザイン——奥定泰之
図版作成——ダイヤモンド・グラフィック社
製作進行——ダイヤモンド・グラフィック社
印刷———勇進印刷
製本———ブックアート
編集担当——田中　泰

©2025 Kamari Maeda, Tomoe Horiguchi
ISBN 978-4-478-11833-7

落丁・乱丁本はお手数ですが小社営業局宛にお送りください。送料小社負担にてお取替えいたします。但し、古書店で購入されたものについてはお取替えできません。
無断転載・複製を禁ず
Printed in Japan